아나운서 멘토링

■ 일러두기

이 책은 《아나운서 멘토링》을 시대의 흐름에 맞게 수정·보완하여 발행하는 개정 증보
판입니다.

나는 이렇게 아나운서가 됐습니다

아나운서 멘토링

이선미 지음

문학사상

아나운서 지망생들에게
내가 하고 싶은 이야기

늦깎이 도전자의 마지막 도전

'내려놓았을 때 비로소 움켜쥘 수 있다'는 평범한 진리를 4년이 지나서야 깨달았다는, 최현호 아나운서의 아픈 말이 떠오른다. 그는 서른두 살의 늦은 나이에 아나운서가 됐다.

1년간 150여 곳에 지원했지만 서른두 살의 지원자를 받아주는 곳은 없었다. '이번 지원이 마지막이야'라는 각오가 자충수가 된다는 걸 알지 못했다. (불안하고 절절한, 지친 그의 모습이 얼마나 황폐하고 두렵고 절박했을까는 예민한 카메라를 통해 보지 않아도 그림이 그려진다.) 결과는 언제나 불합격이었다. 그를 뒷바라지하느라 지쳐 있던 부모님과의 약속대로 그는 2013년

12월을 끝으로 한 경제 채널에 방송기자로 취업했다.

그런데 지난 4년간의 노력을 접고 돌아서는 순간, KBS 공채 소식이 들려왔다. 합격 인사를 하러 온 그에게 나는 마지막으로 원서만 제출해보고 그다음은 운명에 맡기자고 했다. 막내아들인 그에게 그토록 하고 싶은 아나운서가 되라고 권했던 맞벌이 부모님도 지쳤을 테지만, 포기하는 순간이 곧 기회라는 생각으로 나는 마지막 도전을 권했다.

돌아보면 합격 인사를 온 날에 KBS 공채가 뜬 것, 그의 마음속 불씨가 죽지 않았던 것, 4년간의 공부가 그의 내공이 된 것 모두가 운명이었다. 마음을 내려놓으니 여유가 생기고 힘이 빠지니 자연스럽고 편안한 말이 나왔다. 그제야 카메라 앞에서 자신만의 매력을 뽐낼 수 있었다. 방송기자 연수로 엄청 힘들고 바쁜 시기에 KBS 아나운서 공채 시험을 치렀지만, 가장 자신다운 모습으로 면접관들과 미소 띤 얼굴로 편안한 대화를 나누며 합격에 이르렀다.

여러분들이 기억해줬으면 하는 점

이 이야기는 매우 드라마틱한 합격기지만, 나는 이 실화에 아나운서 지망생들이 새겨들어야 할 점이 있다고 생각한다. 지금의 그가 본인이 그토록 되고 싶었던 아나운서로 일하고 있어서 정말 행복해한다는 점. 그가 대학 졸업 후 5년이라는 긴 시간을 자신이 원하는 일을 위해 투자했고 마침내 쟁취했다는 점. 그것도 포기하려는 순간에 운명처럼 자신의 직업을 갖게 됐다는 점이다. 그리고 무엇보다도 이 이야기의 핵심은 모든 것을 내려놓는 순간에 되찾은 여유와 미소가 합격의 비결이라는 것을 알게 해준다는 점이다.

나는 이 책을 읽는 독자 여러분들이 바로 위와 같은 점들을 기억해주길 바란다. 모든 행복에는 얼마큼의 희생이 따른다. 하지만 마지막까지 포기하지 않은 사람만이 그 행복을 거머쥘 수 있다. 그리고 여러분들에게 마지막이라고 생각되는 순간이 오더라도 자신다운 미소를 잃지 않기를 바란다.

나는 이 책이 지금도 아나운서를 꿈꾸며 열심히 도전 중인 지망생들과, 자신의 꿈을 아나운서로 결정할 미래의 젊은이들에게 제대로 된 길을 제시할 수 있길 바란다. 끝으로 나를 믿고 따라준, 현재 아나운서로 활동하고 있는 친구들과 예비 아나운서들에게 특히 고마움을 전하고 싶다.

Part 1.

아나운서, 타고나는 것이 아니라 만들어진다!

Part 4.

영광의 얼굴들을 통해 본 합격 노하우

세상이 바뀌어도 변하지 않는,
'전달자' 아나운서의 본질

오직 아나운서만이 할 수 있는 일

아나운서가 되고 싶다고 찾아오는 지망생에게 묻곤 한다. 왜 아나운서가 되고 싶은지, 아나운서는 어떤 일을 하는 사람인지, 어떤 자질을 가진 사람이 아나운서가 되는지.

나는 시대가 변하고 환경이 변해도 아나운서라는 직업이 가진 근본적인 자질은 바뀌지 않는다고 생각한다. 단, 오늘날 이 시대에 사는 사람들의 취향이나 개성은 분명 기존과 다른 느낌과 매력을 요구하고 있다.

1인 미디어가 난무하고 유튜브 방송이 성행하는, 이 시대가 요구하는 시청자들의 취향은 정말 다양하다. 그만큼 방송도 많이 변했다. 이제는 누구나 손쉽게 마이크와 카메라 앞에 설 수 있는 세상이다. 나이, 직업, 자격을 불문하고 누구라도 방송을 할 수 있다고 생각하는 요즘이다.

그렇다면 바로 이 시대에, 가장 완벽한 소리와 발음, 정확한 전달력, 호감 가는 외모로 1,000대 1, 1,500대 1의 경쟁을 뚫고 언론고시를 패스한 아나운서라는 직업이 필요한가? 나는 인공지능 아나운서가 등장하는 지금의 세상에도 정확한 언어 구사 능력과 바른말 표현력을 갖춘 전달자가 필요하다고 생각한다. 그 상황에 맞는 감성과 매력은 인간만이 표현할 수 있기 때문이다. 인공지능 아나운서가 할 수 없는 부분이 있다는 걸 알아야 한다.

물론 아나운서 지망생들은 변화하는 세상의 요구에 맞춰 준비해야 할 것이다. 하지만 좋은 인성과 호감 가는 이미지, 겸손한 태도, 성실함, 정확한 발성과 발음, 적확한 전달력, 매력, 자연스러움, 편안함 등은 시청자들이 원하는 변치 않는 요구라는 걸 알아야 한다.

아나운서라는 직업의 특징

첫째, 자신의 능력을 발휘할 수 있다.

아나운서가 단순히 뉴스만 전달하는 시대는 끝났다. 지금은 아나운서가 다양한 프로그램을 통해 노래나 춤, 악기 연주, 구연동화, 성대모사, 어학, 작문, 운동 등 다방면에서 자신이 가지고 있는 재능을 발휘할 수 있는 시대다. 교육 환경이 좋아진 덕분에 요즘 젊은 아나운서(지망생)들은 대부분 어릴 때부터 갈고닦아온 자신만의 특기를 최소한 한두 개씩은 가지고 있다. 사람에게 잠재되어 있는 특기는 일종의 '끼'를 만드는데, 이러한 '끼'는 발산할 수 있는 환경이 만들어지면 저절로 나온다.

특히 예능 프로그램에 출연하면서 이런 '끼'를 발산하게 된 아나운서들은 자신의 능력을 마음껏 펼칠 수 있다. 나아가 인기 있는 프리랜서 아나운서가 되면 CF모델이나 연기 등의 분야에서도 자신의 재능을 보여줄 수 있다. 요즘 젊은 세대들은 높은 보수를 받는 직업보다는 자신의 개성을 살릴 수 있는 직업을 더 선호하므로, 이렇게 다방면에서 발전 가능성을 찾을 수 있는 아나운서의 인기가 높은 것은 어쩌면 당연한 일이다.

둘째, 성장하기 위해 늘 공부해야 한다.

아나운서는 방송 프로그램에서 각 분야의 전문가들을 인터뷰하거나 게스트로 초청해 방송해야 한다. 따라서 어느 정도 여론을 형성할 수 있다. 또 정치나 경제, 음악이나 미술 등 해당 분야에 대해 깊이 있는 공부를 해야 하므로 풍부한 지성을 갖춰야 한다. 이런 측면에서 아나운서는 언제나 여러 분야를 공부하고 풍부한 지식을 갖추기 위한 준비를 해야 한다. 평소 책을 많이 읽고, 신문과 잡지 등을 보면서 늘 자신이 속해 있는 이 세상에 대한 관심을 가져야 한다.

셋째, 언론인으로서 균형 감각을 지녀야 한다.

아나운서는 언론인이다. 언론인은 사회 지도층의 일원으로서 스스로 몸담고 있는 사회가 나아갈 방향을 제시하고 이끌어가는 역할을 하는 사람이다. 사회를 선도하는 일은 아무나 할 수 없는 일이고, 훌륭하다고 인정받을 만한 일이다. 따라서 평소 모든 세상사에 대한 관심을 갖고 정확히 파악하는 훈련을 해야 한다. 정확한 인지와 균형 감각을 지니도록 노력해야 한다.

넷째, 방송에서 다양한 역할을 수행한다.

아나운서가 방송에서 담당할 수 있는 역할은 정말 다양하다. 뉴스는 물론이고 스포츠 중계, 음악 프로그램의 DJ, 교양이나 오락 프로그램의 MC, 각종 프로그램의 리포터, 기상 캐스터 등 거의 모든 프로그램의 역할을 아나운서가 담당할 수 있다. 카메오로 얼굴을 반짝 비추는 것이지만 드라마에 출연하기도 한다. 아나운서는 모든 역할을 해낼 수 있어야 한다.

다만 최근의 경향은 일반인부터 각계 전문가 등 모든 사람들이 방송에 참여하면서 아나운서의 영역이 줄어들고 있는 실정이다.

결코 만만치 않은 아나운서의 세계

아나운서는 결코 쉬운 직업이 아니다. 단순한 직업도 당연히 아니다. 전방위적으로 능력을 발휘해야 하는 어렵고도 복잡한 직업이다. 그럼에도 아나운서 지망생이 많아진 것은 위에서 살펴본 여러 가지 이유로 아나운서가 동경의 대상이 되었기 때문이다. 수많은 중·고등학교 학생들까지 아나운서를 꿈꾼다고 하니 아나운서 인기 상한가 현상은 롱런할 것으로 보인다.

그렇다면 이렇게 인기 있는 아나운서가 되려면 어떻게 준비해야 할까? 28년의 아나운서 경험과 지금껏 옆에서 지켜본 아나운서들의 성공 케이스를 바탕으로 아나운서가 되기 위한 방법들을 하나하나 짚어보겠다.

Part 1.

아나운서,
타고나는 것이 아니라
만들어진다!

TV 화면으로 만나는 아나운서들을 보고 있으면 별에서 온 사람이 아닌가 하는 생각이 든다. 반짝반짝 빛나는, 너무나 반듯하고 빈틈없어 보이는 그들의 모습에 도전하기도 전에 주눅 들어버리기 일쑤다. 하지만 그들도 처음에는 당신과 다름없는 실수투성이 지망생이었다. 아나운서는 타고나는 게 아니라 만들어진다는 사실을 기억하자. 단, 일찍부터 준비하는 것이 아나운서가 되는 데 유리하다는 사실을 명심해야 한다.

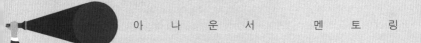

아 나 운 서 　 　 멘 토 링

01_ 빠른 준비가 합격을 부른다

아나운서가 되기 위한 첫걸음

아나운서 준비는 언제부터 시작하면 좋을까?

첫째, 준비는 빠를수록 유리하다.

아나운서가 되겠다는 생각을 언제 했는지는 상관없이 목표를 정했다면 하루라도 빨리 준비하는 것이 좋다. 참고로 대부분의 아나운서 지망생들은 대학 시절부터 본격적으로 아나운서가 될 준비를 한다. 하지만 갈수록 경쟁이 심해지는 경향을 감안하면 최소한의 기본 바탕은 가능한 한 어린 시절부터 닦아두는 것이 좋다.

아나운서 지망생 각각이 지닌 이미지를 풍요롭게 만드는 것은 그 사람이 가진 지식, 교양, 경험 등이다. 어느 정도 일반화된 지식은 집중적으로 시간을 투자하면 짧은 시간에 내 것으로 만들 수 있다고 해도, 교양과 경험에 근거한 지식인의 이미지를 단기간에 형성하기란 쉽지 않다. 따라서 아나운서가 꿈인 사람들은 장기 계획을 세우고 늦어도 중·고등학교 시절부터 다방면에 걸쳐서 교양을 쌓아야 한다. 또 취미 활동, 봉사 활동, 문화 활동, 어학연수 등을 통해 많은 사람들을 접하는 것도 경험을 풍부하게 하는 한 방법이므로 권하고 싶다.

둘째, 가능하면 대학에서의 전공은 인문사회계열을 선택하는 것이 좋다.

이공계나 예체능계열을 전공한 아나운서들이 없는 것은 아니지만 사고의 폭을 넓히는 데는 인문사회계열을 전공하는 것이 더 낫기 때문이다. 만일 아나운서 지망생이 이공계나 예체능계열 전공자라면 독서나 시사에 대한 관심 등을 통해 인문사회계열의 지식을 습득하고 동아리 활동이나 봉사 활동 등을 통해 문화적 교양을 쌓아야 한다.

인문사회계열 전공자라도 자신의 전공 분야에만 관심을 둔다면 경직된 사고를 갖게 될 가능성이 높다. 아나운서가 될 사람이라면 유연한 사고를 할 수 있어야 할 뿐만 아니라 이미지 역시 그래야 한다. 좁고 깊게 파고드는 사고방식은 적합하지 않다.

셋째, 교양과목이나 선택과목을 잘 활용해야 한다.

대학의 수많은 학과 가운데 아나운서와 직접적인 연관이 있는 학과라면 신문방송학과와 언론학과 등을 들 수 있을 것이다. 아나운서를 지망하는 신문방송학과나 언론학과의 학생들은 전공은 물론이고 정치, 경제, 사회, 문화, 예술, 스포츠 등 다양한 분야와 관련된 교양과목이나 선택과목을 수강해서 지성의 폭을 넓혀야 한다.

신문방송학과나 언론학과가 아닌 다른 전공이더라도 자기 전공 이외의 다양한 분야의 지식을 습득하는 동시에 '신문방송학개론'이나 '언론학' 등의 과목을 수강해서 공부해 둔다면 큰 도움이 될 것이다. 한마디로 요약하면 지적 능력을 개발하기에 최적의 시기인 대학 시절에 방송인의 기초 교양을 쌓아두라는 것이다.

넷째, 다양하고 유익한 경력을 만들어두는 것이 좋다.

아나운서가 되는 데 도움이 되는 경력들 가운데 일반적으로 잘 알려진 것이 미스코리아와 같은 미인 대회다. 하지만 미인 대회 외에도 아나운서 선발에 도움이 되는 경력들은 의외로 많다. 중·고등학교 방송반이나 대학교 방송국에서 아나운서로 활동한 경력은 물론이고 동화 구연 대회에서 입상한 경력이나 합창단에서 활동한 경력 등도 아나운서 합격에 도움이 된다.

어린 시절의 특기나 취미를 살려 대학 생활을 하는 동안 그 분야에 대한 자격증을 취득하는 것도 아나운서가 되는 데 유익한 경력을 만드는 일이다. 예를 들어 각종 어학 인증 자격증이나 레크리에이션 강사 자격증 등도 도움이 된다.

준비된 아나운서

아나운서가 되기 위해 빠르게 준비한 모범적인 케이스로는 KBS의 조수빈 아나운서를 꼽을 수 있다. 조수빈 아나운서는 대학에 입학할 때부터 전공을 언어학으로 정하고 학창 시절 내내 언론 활동(신문사 정치부 인턴 기자, 잡지사 기자), 어학연수 및 자격증 취득, 미인 대회 출전(2003년 미스월드유니버시티 베스트 드레서), 신문사와 대기업이 마련한 해외여행 등 아나운서가 되기 위해 철저하게 준비한, 말 그대로 '준비된 아나운서'였다.

조수빈 아나운서의 이력, 경력 사항을 보면 일찍부터 얼마나 열심히 열정적으로 아나운서를 준비했는가를 알 수 있다. 단번에 합격한 그녀의 예에서 알 수 있듯이 아나운서 준비는 빠르면 빠를수록 좋다.

02_ 긍정적인 이미지,
밝고 환한 이미지로 어필하라

운명의 20초

"시작이 절반"이라는 말처럼 지상파 아나운서 시험에서 1차 실기 시험은 제일 어려운 관문이라고 할 수 있다. 1,000명이나 2,000명 가운데서 100여 명(5~6%) 정도를 선발하니 높은 경쟁률도 문제지만, 정작 지원자들에게 부담이 되는 것은 20초 정도 주어지는 짧은 시험 시간이다. 긴장한 상태에서 뉴스 원고를 읽으려면 말을 더듬는 일은 예사인데 한두 번만 더듬어도 시험이 끝나버리는 경우가 허다하다. 그러니 지원자 입장에서는 정말 피를 말리는 시간일 수밖에 없다. 오죽하면 외마디 소리만 지른 채 부들부들 떨다가 나오는 지원자도 부지기수라고 하겠는가?

불과 20여 초의 짧은 시간에 당락이 결정되는 1차 관문. 실력을 제대로 발휘했는지는 고사하고 뭘 보여준 것인지 감도 못 잡은 채 들어갔다가 밀려 나왔다는 느낌만 남는 이 1차 실기 시험에서, 첫 도전에 지상파 3사를 모두 통과한 기인(?)이 나타나 화제가 된 적이 있다. 스피치랩에서 3개월 과정의 예비반을 마친 그녀가 무슨 비결로 1차 실기 시험이란 그 어려운 관문을 쉽사리 통과할 수 있었을까? 그녀는 불안해하는 대신 즐겼다고 했다. 구경꾼 입장에서 긴장을 풀고 자신 있게 웃으며 시험을 치렀다는 것이다.

합격의 비결

그녀의 비결은 의외로 간단했다. 바로 '미소'였다. 워낙 잘 웃는 것이 체질화되어 있던 그녀가 카메라 앞이라고 못 웃을 리 없었다. 그녀는 카메라 앞에서도 특유의 환한 미소를 마음껏 보여줬다. 긴장해서 떨고 있던 10명의 지원자들 속에서 그녀는 단연 돋보였다. 웃는 것 하나만은 자신 있었던 그녀는 뉴스 리딩을 하던 중 몇 번 더듬은 것도 아랑곳하지 않고 계속 활짝 웃었다. 나란히 서 있는 10명 가운데 유독 그녀만이 유감없이 웃고 있었는데 이 미소가 바로 합격의 비결이었던 것이다.

이후 수업 시간 중에 유심히 살펴보니 그녀는 카메라 앞에서도 예외 없이 환하게 웃었다. 화면에 드러난 그녀의 모습은 정말 예뻤다. 평범한 용모였지만 밝고 환한 모습이 그저 아름다웠다. 나는 "이래서 그 힘들다는 1차 실기를 무사히 쉽게 통과할 수 있었구나" 하고 무릎을 쳤다.

그때부터 나는 실기 수업 시간마다 외쳐댄다. 환하게 웃는 연습을 많이 하라고. 웃음! 미소처럼 얼굴을 아름답게 만드는 비결은 없다고 강조한다. 심사위원들에게 합격 사인을 받아내는 비결은 비싼 메이크업이나 의상이 아닌 밝은 미소라고 말이다.

자연스러운 미소의 힘

아무리 '웃음이 명약'이라고 하지만 모든 아나운서 지망생들이 웃음만으로 1차 실기 시험을 통과할 수 있는 것은 아니다. 억지웃음이나 실없는 웃음, 헤픈 웃음 등으로 보이게 되면 오히려 역효과가 날 수도 있다. 그러나 수험생 본인의 이미지에 맞는 자연스러운 웃음은 얼어붙은 얼굴의 근육을 풀어주고 화면을 빛나게 해주는 것임에 틀림없다. 평소 그녀의 밝은 미소, 그의 환한 웃음을 보고 누구라도 기분이 좋아진다면 감정이 없는 카메라도 그 웃음 앞에서 녹아내리고 말 것이다.

아나운서 지망생들이여! 자신이 제일 좋아하는 친구처럼 카메라를 사랑하자. 만나면 언제나 기분이 좋아지는 상대로 생각해보자. 그리고 그 앞에서 마음껏 활짝 웃는 여유를 가져보자. 그렇게 카메라 앞에서 편안하고 자연스러운 미소가 만들어내는 밝고 환한 이미지와 함께 여유 있는 스피치를 구사할 때, 당신의 1차 실기 시험 통과는 보장될 것이다.

03_ 아는 것이 힘!
인간 백과사전이 되자

인간 활동의 모든 영역을 다루는 아나운서

방송에서 다루지 않는 분야가 있을까? 개인은 물론이고 사회나 국가, 나아가 전 세계의 모든 분야를 다루고 있는 것이 바로 방송이다. 신문은 지면의 한계로 인해 다룰 수 있는 분야가 한정될 수밖에 없지만, 방송은 보다 많은 분야를 소화해낼 수 있다. 예를 들어 신문은 스포츠 게임 중계를 할 수 없지만 방송은 생생한 현장을 생중계할 수 있다. 이처럼 개인의 프라이버시에 관한 부분을 빼고 모든 분야를 다루는 방송의 특성에 가장 부합하는 방송인이 바로 아나운서다.

뉴스 앵커는 표면적으로 기자들의 보도를 연결해주는 역할만 하는 것으로 보이지만, 시시각각으로 들어오는 보도 내용의 중요도를 파악해 보도 순서를 정하고 각 보도의 사이사이를 연결하는 멘트를 작성하는 등의 일을 해야 한다. 따라서 아나운서는 피상적으로나마 정치, 경제, 사회, 문화, 스포츠 등 보도되는 모든 분야에 대한 기본 지식을 갖추고 있어야 한다.

특히 교양 프로그램을 진행하는 아나운서라면 경우에 따라서 해당 분야에 대한 전문적인 지식을 갖추고 있어야 한다. 토론이나 인터뷰 프로그램은 물론이고 음악 프로그램의 경우에도 출연자의 발언에 힘을 실어주기 위해서라도 적당한 추임새를 넣어야 하는데, 그러려면 출연자가 언급하는 부분에 대해 어느 정도 전문 지식을 갖추고 있어야 한다.

전문적인 지식이 가장 요구되는 분야는 스포츠 중계다. 전문 해설가 정도까지는 아니더라도 야구면 야구, 축구면 축구 등 중계하려는 스포츠에 대해 잘 알고 있어야 하는 건 물론이다. 또 선수들의 플레이 스타일이나 성격, 버릇 등 신변에 관해서도 어느 정도는 꿰고 있어야 한다.

현실이 이렇다 보니 아나운서가 파악해야 하는 분야는 인간 활동의 거의 모든 영역이다. 이는 백과사전에 비유할 수 있다. 그렇다고 백과사전이 담고 있는 모든 지식을 머릿속에 넣을 필요는 없다. 박이부정博而不精이란 말처럼 정통하지는 못하더라도 많은 분야에 대해서 알고 있으면 된다.

　방송 프로그램들을 유심히 관찰해보면 알겠지만, 아나운서는 시청자나 청취자에게 자신의 전문 지식을 전달해주는 것이 아니라 전문 지식을 가진 전문가들과 시청자를 연결하는 다리 역할을 한다. 아나운서는 이런 임무를 잘 해낼 정도의 지식만 갖고 있으면 되므로 해당 분야의 학자나 기술자 수준의 전문 지식을 가질 필요는 없다. 다만 한 가지, 프로그램을 오랫동안 맡아서 출연자 없이 단독으로 진행할 경우에는 그 분야의 전문가가 되는 것이 유리하다.

지식 습득의 중요성

　방송에서의 아나운서의 역할을 고려할 때, 아나운서 지망생은 다양한 분야의 지식을 습득할 필요가 있다. 가장 좋은 것은 어릴 때부터 그런 환경에 노출되는 것이다. 적절할지는 몰라도 내 경우를 예로 들어보자.

　아버지는 여행을 좋아하셨다. 나는 어릴 때부터 아버지를 따라 전국 곳곳을 돌아다녔고, 그때의 경험은 여행이 내 취미로 자리 잡는 데 도움을 주었다. 또 아버지는 사진을 찍고

인화까지 직접 하시곤 했는데, 어린 나는 아버지의 작업 과정이나 작품들을 지켜보면서 막연하게나마 미적 감각을 키울 수 있었다.

아버지뿐만이 아니었다. 아버지의 주변 사람들도 내게 아나운서로서 갖춰야 할 좋은 습관들을 만들어주었다. 예를 들면 아버지의 친구이신 '혹부리 아저씨'의 경우, 서울에 다녀오는 길에 선물로 책을 자주 사다 주셨다. 그 책들은 내 책 읽는 즐거움의 출발점이 되었다. 아버지가 운영하던 회사에 근무하던 언니들은 재미있는 이야기들을 많이 들려주었고, 이 또한 나에게 무한한 상상력을 키워주고 남의 이야기를 경청하는 태도를 갖게 해주었다. 그런가 하면 중·고등학교 시절에는 학업 관계로 외가댁에서 지내게 되었는데, 이때 이모와 삼촌들을 따라 미술관이나 음악회에 드나들었던 것이 문화와 예술을 거부감 없이 받아들이는 계기가 되었다.

돌이켜보면 나는 아나운서가 되기에 적합한, 괜찮은 환경에서 자란 것 같다. 물론 어떤 직업이나 마찬가지겠지만 특히 아나운서라는 직업은 많이 보고, 많이 듣고, 많이 느끼고, 많이 생각하는 과정이 필요하다고 말하고 싶다. 이와 같은 수많은 경험들이 좋은 방송을 할 수 있는 토양이 될 수 있으니 말이다.

만일 독자 여러분이 고등학교 때까지 교과 공부에만 매달렸다면 대학생이 되어서 준비할 수도 있다. 자신이 다니고 있는 학교에서 개설되는 여러 과목 가운데 아나운서와 관련이 있는 강의들을 선택해서 듣고 다양한 취미 활동을 통해서 특정 분야에 대한 교양을 갖추면 된다. 대학생 시절이야말로 일생에서 가장 자유로운 때이므로 잘만 활용한다면 아나운서가 되기 위한 지적인 준비를 마칠 수 있다.

아는 것이 경쟁력

지금은 내가 자라던 시대와는 주변 환경이 많이 달라졌다. 성인뿐만 아니라 어린이를 위한 아나운서 학원이 있는 등 나이와 상관없이 아나운서가 되기 위한 프로그램이 마련되어 있다. 게다가 인터넷이라는 정보의 바다가 있어서 웹 서핑을 통해 아나운서가 되기 위한 지식을 얼마든지 얻을 수 있다.

예를 들어 미술 작품을 보고 싶다든가 클래식 음악회에 가고 싶다면 현지에 가지 않고도 음악 사이트나 개인 블로그, 사이버 미술관 등을 통해 목적을 달성할 수 있다. 그러므로 성장 과정에서 아나운서가 되기 위한 준비를 하지 못한 대학생이나 직장인이라고 할지라도, 얼마든지 아나운서에게 필요한 지적 배경을 만들 수 있다. 이는 아나운서 지망생이 원하기만 한다면 언제든지 'walking dictionary', 즉 '걸어 다니는 백과사전'이 될 수 있다는 말이다.

물론 박학다식하다고 해서 반드시 아나운서가 될 수 있는 것은 아니다. 그렇지만 다른 조건들이 비슷한 여러 지원자 가운데서 한 명을 선택해야 한다면, 심사위원들은 걸어 다니는 백과사전으로 불릴 정도로 다방면에 많은 지식을 보유한 풍요롭고 윤택한 사람을 선택할 가능성이 높다. 또 이런 준비를 해둔 아나운서 지망생이라면 아나운서가 된 뒤에도 분명 두각을 나타낼 것이다.

04_ 세상의 이슈에 촉각을 세워라

평범한 답변, 기발한 답변

아나운서 시험에 응시한 당신이 "인간이 육식을 줄여야 하는 이유를 설명해보라"는 질문을 받았다고 치자(이런 유형의 질문은 주로 기자에게 주어지지만, 앞으로는 아나운서에게도 주어질 수 있다). 이때 당신은 "건강을 위해서"라든가 "다이어트에 도움이 되어서"라는 등의 답변을 할 수 있을 것이다. 그런데 이런 답변들은 좋은 점수를 받지 못한다. 틀린 대답은 아니지만 너무나 일반적이기 때문이다.

반면에 "시골의 부모님께서 채소 농사를 짓고 계시기 때문입니다"라는 답변은 특별하고도 기발하기 때문에 앞의 경우보다는 좋은 점수를 받을 수 있다. 그렇지만 심사위원이 내심 인류의 미래와 관련된 답변을 기대하고 있었다면 다른 답변들과 똑같이 취급될 수밖에 없다.

심사위원을 미소 짓게 하는 답변

그렇다면 "인간이 육식을 줄여야 하는 이유를 설명해보라"는 질문에 관해 적절한 답변을 생각해보자.

인간이 필요로 하는 육류의 양을 충족시키기 위해 가축을 키우려면 여러 가지 문제가 발생한다. 첫째, 방목을 위한 목초지 조성을 위해 숲을 파괴해야 한다. 아프리카의 경우 가축의 숫자가 많아지는 바람에 목초지마저 파괴되어 사막으로 변하는 곳이 늘어나고 있다. 둘째, 가축을 먹이기 위해 옥수수나 콩과 같은 작물을 재배해야 하는데, 문제는 한두 명이 먹을 고기를 얻으려면 열 명이 먹을 수 있는 옥수수나 콩이 소모된다는 것이다. 현재 전 세계적으로 약 8억 명이 기근에 허덕이고 있는 사실을 떠올려볼 때 육식은 상당히 비효율적이다. 셋째, 가축이 배출하는 이산화탄소와 메탄가스의 양은 전 세계 온실가스의 20% 정도로, 이는 교통수단의 배출량보다 많다. 넷째, 가축의 분뇨는 지독한 오염 물질이어서 수많은 하천을 오염시키고 있다. 다섯째, 육식은 비만, 심장병, 당뇨병 등의 성인병을 초래할 수 있으므로 인간의 건강과 직접적인 관련이 있다고 할 수 있다. 따라서 육식을 줄이는 것은 인간과 지구를 함께 보호하는 일이 된다.

이런 답변이야말로 심사위원이 만족할 만한 대답이 아닐까 싶다.

하나 더, 이번에는 "바이오 연료의 활성화에 따른 부작용은 무엇인가?"에 관한 답변을 생각해보자.

온실가스를 배출하는 화석연료의 사용을 줄이기 위해 옥수수 등에서 에탄올 연료를 생산하는 작업이 본격화된다고 하자, 옥수수 가격이 급격하게 상승하기 시작했다. 옥수수 가격의 상승은 곧 콩과 밀, 나아가 쌀값의 상승으로 이어져 애그플레이션agflation, 농업을 뜻하는 'agriculture'와 물가 상승을 뜻하는'inflation'의 결합어을 초래할 수 있다. 쌀을 제외한 대부분의 농산물을 수입에 의존하는 우리나라의 경우, 국제 곡물 가격이 천정부지로 치솟아 식량 자원이 무기가 되는 상황이 벌어지면 서민 생활이 파탄 지경에 이르러 국가 위기 상황이 올 수도 있다. 실제로 식량 원조로 살아가는 제3세계 국가의 사람들은 원조 식량의 감소로 인해 이미 심각한 위협을 받기 시작했다. 또한 역설적인 것은 온실가스를 줄여서 지구온난화를 막아보겠다는 취지로 시작된 바이오 연료 생산이 오히려 온실가스를 증가시킬 수 있다는 점이다. 바이오 연료를 생산하기 위해 숲을 경작지로 전환하는 과정에서 온실가스의 천연 제거 장치인 숲이 사라지는데, 이는 결국 전체 온실가스 양의 상승을 초래한다. 뿐만 아니라 바이오 연료용 작물을 생산하기 위해 사용되는 화석연료나 비료, 물 등으로 인해 생기는 부작용도 결코 적지 않다.

여기서 예로 든 답변이 어렵게 느껴질 수도 있다. 하지만 중요한 것은 다양한 분야에 관심을 갖고 그것을 지식으로 활용할 수 있도록 잘 정리해두는 습관을 길러야 한다는 것이다. 심사위원을 미소 짓게 만드는 답변은 결코 순간의 발상으로만 이루어지지 않는다.

이슈를 갈무리하는 습관

육식이나 바이오 연료, 애그플레이션, 유가 등은 세상 사람들의 주목을 받는 '이슈issue'다. 이런 이슈의 이면에는 우리 생활과 밀접하게 관계된 갖가지 복잡한 문제가 얽혀 있으므로 이슈가 등장하면 반드시 갈무리해두어야 한다. 이슈를 갈무리하는 습관은 백과사전적인 지식을 갖추는 데 도움을 줄 뿐만 아니라 추후에 아나운서 생활을 하는 데도 큰 도움이 된다.

　대중에게 뉴스를 전달하고 전문가와 대중의 가교 역할을 하는 아나운서가 되려는 사람들이 동시대의 이슈를 모른다는 것은 말이 안 된다. 세상이 어떻게 돌아가는지도 모르면서 전달자나 가교 역할을 하고자 한다면 오히려 대중의 조롱을 받게 될 것이다. 아나운서 지망생이라면 언제 어디서나 세상의 이슈에 촉각을 곤두세워야만 한다.

05_ 외국어 하나쯤은 원어민 수준으로

원어민 수준의 외국어 능력은 필수

'영어 원어민 교육'이니 '영어 몰입 교육'이니 하며 우리나라 사람들은 영어를 배우려고 많은 돈과 시간을 투자한다. 그런데 2008년 2월에 한국을 방문한 미국의 투자가 짐 로저스Jim Rogers, '월가의 전설', '상품투자의 귀재' 등으로 불리는 세계 최고의 투자가는 강연에서 "자식에게 중국어를 가르쳐라!"라고 역설했다. 그는 이제 미래의 지도자들은 중국어를 사용할 것이므로 다음 세대는 영어보다는 중국어를 배우는 게 더 이득이 될 거라고 주장했다.

영어를 배울 것인지 중국어를 배울 것인지 아니면 일본어를 배울 것인지는 독자 여러분의 선택 사항이다. 중요한 것은 어떤 외국어든지 적어도 하나 정도는 원어민 수준으로 할 수 있어야 한다는 것이다. 우선 외국어를 잘하는 사람들이 갈수록 많아지는 상황에서, 1,000대 1이 넘는 경쟁률을 통과해야 하는 아나운서 지망생이라면 기본적으로 외국어 하나 정도는 잘할 수 있어야 한다.

또 앞으로는 외국인들이 방송에 출연하는 일이 많아질 것이므로 그들과 직접 소통할 수 있는 능력을 갖추면 많은 도움이 될 것이다.

예를 들어 올림픽 중계와 같은 경우에는 세계 각국의 선수들과 인터뷰를 해야 한다. 이때 통역을 통하지 않고 그들과 직접 의사소통을 한다면 더욱 훌륭한 진행을 할 수 있을 것이다. 만일 독일 선수나 프랑스 선수와 인터뷰하는 아나운서가 독일어나 프랑스어를 유창하게 구사한다면 시청자나 청취자에게 또 다른 감동을 줄 수 있다. 비단 스포츠 중계가 아니더라도 점점 세계화되는 방송 환경을 감안한다면 그것이 대담 프로그램이든 여행 프로그램이든 외국인들의 방송 출연이 잦아질 것은 뻔한 일이다. 따라서 아나운서가 되고자 하는 사람들은 이른바 프리 토킹이 가능할 정도로 외국어를 배워둘 필요가 있다.

하지만 이력서 등에 자기의 외국어 실력을 과대평가해서 기재하는 것은 금물이다. 어느 아나운서 지망생은 자기소개란에 '영어-상, 불어-상, 중국어-중'으로 기재했다가 심사위원들에게 영어로, 또 불어로 인터뷰를 해보라는 주문을 받았다고 한다. 생각지도 못한 요구에 당황한 이 지망생은 외국어 실력 덕분에 어찌어찌 시험에 통과해서 아나운서가 되었지만, "외국어 실력을 과장해서 기재하는 것은 피하라"는 충고를 남겼다.

강점이 될 수 있는 외국어

우리는 지금 국제화 시대에 살고 있다. 한국의 숭례문 화재 속보가 미국 CNN 방송과 일본 NHK 방송을 통해 실시간으로 중계되는 시대다. 그래서인지 공채 시험 과정 중 합숙이나 인턴 과정이 추가되는가 하면, 최종 면접에서 외국어로 인터뷰를 하거나 자기소개를 하라는 요구가 늘어나고 있다.

SBS 방송국의 경우 합숙 과정에 미국인이 참여해 간단한 생활 영어를 테스트하고, KBS나 MBC 방송국의 경우에도 3차 면접이나 합숙 혹은 최종 면접에서 외국어 인터뷰를 요구하는 만큼 이에 대한 준비를 철저히 해둘 필요가 있다.

아나운서 시험의 경쟁률이 높아진 만큼 아나운서들의 실력도 향상되어 최근에 입사하는 대부분의 아나운서들은 외국어 하나 정도는 기본으로 할 수 있다. 이렇게 한 번 눈높이가 높아진 이상 외국어 능력에 대한 기준은 좀처럼 내려오지 않을 것이다. 그러니 아나운서 지망생들은 최소한 하나 정도의 외국어는 원어민처럼 구사할 수 있는 능력을 갖추어야 한다.

어학연수를 다녀오면 더 좋겠지만 요즘은 국내에서도 학원이나 인터넷, 시중에 나와 있는 교재 등을 통해 얼마든지 외국어를 배울 수 있다. 국내에서 독학으로 공부하고도 영어 회화의 달인이 된 사람들만 봐도 외국어 능력은 본인이 노력하기에 달려 있음을 알 수 있다.

한 가지 참고할 점은 기왕이면 이탈리아어나 포르투갈어, 아랍어나 러시아어, 베트남어나 캄보디아어처럼 희소성이 있어 아나운서 시험 과정에서 자신만의 강점이 될 수 있는 외국어를 배우라는 것이다. 이런 독특한 언어로 프로그램 진행이나 인터뷰, 자기소개 등을 한다면 단연 돋보일 것이다. 그래도 영어나 중국어 혹은 일본어가 좋다면 물 흐르듯이 읽고, 말하고 또 쓸 수 있을 정도로 연마해야만 한다. 글로벌 시대에 살면서 한두 개의 외국어를 능통하게 소화해 낼 실력을 갖추고 있다면 입사한 뒤에 아나운서로서의 입지가 그만큼 넓어질 것은 당연하다.

06_ 얼굴 성형보다 말 성형을 먼저 하라

저, 성형해야 하나요?

미용을 위한 성형수술은 더 이상 특별하지 않다. 남녀노소를 불문하고 성형외과를 찾아 이미지를 개선하려는 노력이 대단하다. 또한 아나운서 지망생들이 상담하러 찾아와서 하는 질문 중에 빠지지 않는 것 역시 성형수술에 관한 것이다.

"선생님, 저 성형해야 하나요?"

세상에 완벽한 얼굴을 가지고 태어나는 사람이 몇이나 될까. 아나운서가 되기 위해 모두가 성형수술을 해야 한다는 말이 절대 아니다. 1% 부족한 화면 속 모습에서 오는 불만을 해소하고 완벽해질 것 같다는 생각에 성형수술을 할 수도 있다. 하지만 성형수술을 한다고 해서 1%의 부족한 부분을 완벽하게 채울 수 있는 것도 아니고, 아나운서 시험에 합격한다는 보장도 없다. 오히려 성형수술로 자신이 타고난 자연스러운 개성을 없애버려 역효과가 날 수도 있다. 그러니 가능한 한 부모님이 주신 외모를 지켜가는 것이 바람직하다고 생각한다. 나는 멀쩡한 외모를 성형수술로 부자연스러운 외모로 만드는 것이 정말 불만이다.

얼굴보단 말

그런데 얼굴 성형에 비해 '말 성형'에 대한 관심은 상대적으로 적은 편이다. 예전에 비해 스피치에 대한 관심이 높아지긴 했지만 외모를 바꾸는 성형에 비하면 아직도 말 성형에 대한 관심은 턱없이 부족한 게 현실이다. 자신의 말투를 고칠 수 있다는 생각을 하는 사람들이 적고, 설령 그런 사람들이 있다고 하더라도 고쳐보려고 실천하는 사람은 극히 드물다. '말 한마디에 천 냥 빚을 갚는다'는 속담을 생각해보면 사람이 뱉는 말이 얼마나 중요한지 알 수 있을 것이다. 하지만 대부분의 사람들이 스피치 교육에 대해 기본적으로 무관심하고 또 타고난 대로 살아야 한다고 여기는 것이 아닌가 싶다.

다시 한 번 말하지만, 말도 얼굴 못지않게 중요하다. 방송에 나와 토론이나 인터뷰를 하는 사람들을 보면 말을 잘해야 성공할 수 있다는 내 믿음에 확신이 생긴다. 정치인은 물론이고 CEO도 말을 잘해야 사업을 번창시킬 수 있다는 이야기다. 그래서 그런지 각종 선거에 출마하는 정치인이나 사업 관계로 대인 접촉이 잦은 사업가, 검사, 의사, 애널리스트 등 전문 직종의 사람들도 요즘은 스피치 교육의 필요성을 절감하고 적극 참여하고 있다.

어디 그뿐인가? 대학 입시를 치르는 수험생도 말로 하는 면접을 잘 봐야 그동안 열심히 공부한 결실을 맺는다. 심지어 어린아이들까지 반장이 되기 위해 스피치 교육을 받는다니 예전에 비해 스피치 교육에 관심을 가지는 사람이 많아진 것이 사실이다. 이런 현상들을 종합해볼 때 스피치 교육, 즉 말 성형은 얼굴 성형보다도 훨씬 중요한 게 아닐까.

아나운서의 기본은 말

그렇다면 아나운서는 어떤가? 어떤 예시를 열거할 필요도 없이 아나운서의 기본은 스피치다. 이른바 '카메라발'을 아무리 잘 받는 아나운서 지망생이라도 스피치에서 문제가 있으면 시쳇말로 '꽝'이다. 그러니 아나운서가 되고 싶다면 얼굴 성형보다 말 성형부터 해야 한다. 내가 보는 말 성형의 기본 방향은 다음과 같다.

첫째, 호감이 가는 목소리를 내야 한다.

예전에 여자 아나운서의 기본 덕목은 꾀꼬리 같은, 혹은 은방울이 굴러가는 것 같은 목소리를 갖는 것이었다. 이런 고운 목소리가 좋은 목소리로 평가받았으며 모두가 고운 목소리를 내려고 노력했다. 하지만 시대가 변함에 따라 목소리에 대한 평가도 변했다. 지금은 허스키한 보이스라도 호감이 가는 목소리면 된다. 어떤 유형의 목소리든지 따스한 인간미가 느껴지는 목소리, 성실하고 친절한 이미지의 목소리가 좋은 목소리다.

둘째, 발음이 명료해야 한다.

아무리 호감이 가는 목소리라도 발음이 명확하지 않으면 안 된다. 입 안에서 우물우물한다든가 종이 울리는 것처럼 웅웅거리는 소리를 내면 안 되는 것이다. 또 발음이 새는 소리나 혀 짧은 소리도 곤란하다. 들을 때 귀에 쏙 들어오는 똑똑한 소리여야 한다.

셋째, 볼륨이 있으면서 활기찬 소리여야 한다.

가늘고 얇은 목소리는 선천적이기도 하지만 잘못된 습

관 탓인 경우도 있다. 이런 경우는 훈련으로 개선이 가능하다. 발성이나 호흡의 문제라면 훈련으로 고칠 수 있다는 말이다. 볼륨이 있으면서 생동감이 느껴지는 활기찬 목소리로 바꿔야 한다.

넷째, 전달력이 좋아야 한다.

뭐라고 말은 많이 하는데 도대체 무슨 말을 하는지 도무지 이해가 안 되는 사람이 있다. 이런 경우도 리딩 훈련으로 얼마든지 교정이 가능하다. 간결하고 쉬운 말을 하도록 노력하는 것이 핵심이다. 길게 말하든 짧게 말하든 의도한 바를 정확하게 전달할 수 있어야 한다.

다섯째, 안정감 있고 자연스런 흐름으로 말해야 한다.

단어는 똑똑히 잘 들리지만 전체적으로 말하는 것이 부자연스럽고 불안한 느낌이 드는 경우가 있다. 이는 듣는 사람을 긴장하게 만든다. 이때도 역시 교육과 훈련을 통해 듣는 사람이 기분 좋아지는 편안한 스피치로 바꿔야 한다.

분명 오늘날 대한민국에서 잘나가는 아나운서들은 위의 기본 요건들을 모두 충족한다는 것을 알 수 있을 것이다. 그런 그들도 매일매일 자신의 스피치를 갈고닦는다. 그러니 아나운서 지망생이라면 최소한 우리말은 완벽하게 구사할 수 있도록 자신의 말을 성형해야 한다.

07_ 인격을 닦아라

말의 힘

"말은 인격이다!"

신입생을 맞아 강좌가 새로 시작되는 날이면 언제나 하는 첫 번째 얘기다. 사람들은 우선 처음 만난 사람의 첫인상을 보지만 그다음으로는 말을 듣고 그 사람을 판단한다.

첫인상은 좋았는데 말을 나누다 보니 첫인상에서 받았던 좋은 이미지가 깨지는 경우가 있고, 첫인상은 그저 그랬는데 말을 주고받다 보니 그 사람에 대한 신뢰와 믿음이 생기는 경우도 있다. 말에서 그 사람이 살아온 인생, 경험, 지식,

교양, 성품 등이 그대로 드러나기 때문이다.

우리는 상대방이 어떤 가정에서, 어떤 부모 밑에서, 어떤 학교에서, 어떤 교우 관계를 맺고, 어떤 책을 읽으며, 어떤 문화·예술 생활을 하며 지내왔는지를 그 사람의 말 속에서 느낄 수 있다. 그래서 어떤 의미에서는 외모보다 말이 주는 이미지와 정보들로 그 사람을 더 정확하게 느끼고 알 수 있다. 물론 말도 얼굴처럼 어느 정도는 꾸며낼 수 있지만 곧 본모습이 드러나기 마련이다. 그래서 각종 시험의 심사위원들이 네다섯 차례의 인터뷰나 면접을 통해 수험생들에게 많은 말을 시켜보는 것이다.

아나운서 시험도 마찬가지다. 외모의 비중도 크지만 심사위원들은 지원자들의 말에서 느껴지는 그 사람의 인성과 개성, 지성과 능력(끼) 등을 더 중요하게 생각한다. 예를 들어 미스코리아 출신의 화려한 외모를 가진 지원자의 입에서 흘러나오는 말들이 교양 없고 비지성적인 이미지의 느낌이라면, 심사위원들에게는 그 외모가 돋보이지 않을 뿐만 아니라 소위 말하는 '싸구려' 이미지로 비칠 수 있다.

외모보다는 마음

독자 여러분도 잘 알다시피 지상파 3사를 오가며 최고의 인기를 누리고 있는 진행자들의 면면을 살펴보면 완벽한 외모보다는 오히려 수수하면서 성격이 좋아 보이는 인상들이다. 예를 들어 유재석, 강호동, 김제동 그리고 이금희, 정은아 등을 보자. 이들은 각종 프로그램의 진행자로서 최고의 인기를 누리는 데 비해 외모는 정말 수수한 편이다. 그들은 수려한 외모보다는 성격 좋은 이웃집 아저씨나 아주머니에게서 느껴지는 편안함과 상대방을 배려할 줄 아는 따스함이 배어나는 말솜씨로 시청자들의 마음을 사로잡는다.

그렇다면 편안함과 따스함이 묻어나는 말솜씨의 출발점은 무엇일까? 바로 '마음'이다. 그래서 나는 아나운서 지망생들에게 항상 "좋은 아나운서가 되고자 한다면 외모보다 마음 가꾸기에 힘써야 한다"는 점을 강조한다.

방송은 협업이다. 나 혼자 만드는 것이 아니라 수십 명이 함께 만들어가는 공동 작업인 것이다. 공동 작업에서 좋은 구성원이 되려면 다른 사람들이 함께 일하고 싶어 하는 인물이 되어야 한다.

아무리 좋은 성적과 예쁜 외모로 아나운서 시험에 합격하는 행운의 주인공이 되었다고 해도, 입사 후의 평판이 '함께 일하고 싶지 않은 사람'이라면 그 아나운서의 방송 생활은 보나마나 뻔하다. 정말 어려운 관문을 통과해 들어간 방송사 아나운서 자리인데 입사 후 한두 번 프로그램에 나오다 사라지는 경우는 동료들 사이에서 평가가 좋지 않았을 확률이 높다.

인격의 완성으로 가는 길

고승高僧들이 도道를 닦는 것처럼 우리 아나운서들도 도를 닦아야 한다. 스님들의 도가 깨달음으로 가는 길이라면 아나운서들의 도는 인격의 완성으로 가는 길이다. 인격은 말에서 드러나므로 우선 품위 있는 말솜씨를 닦아야 한다. 그렇지만 아무리 훌륭한 말솜씨를 지녔다고 하더라도 함께 일하는 사람들의 신뢰를 얻지 못하면 아나운서로서 꽃을 피울 수 없고 또 설사 꽃을 피운다고 하더라도 일찍 시들 수밖에 없다.

여러 사람이 모여서 프로그램을 만들다 보면 서로에게 섭섭한 감정들이 생길 수 있다. 더구나 항상 스포트라이트를 받는 아나운서에 대한 다른 사람들의 감정은 더욱 그렇다. 이기적이거나 자기중심적인 사고를 버리고 동등한 위치에서 일하는 파트너로 다른 사람들을 대하면 신뢰를 얻을 수 있다. 언제나 겸손한 태도로 상대방을 우선적으로 배려하는 것은 물론이고, 예절을 잘 지키며 밝은 이미지를 지닌 아나운서가 되어야 한다.

1,000명이 넘는 지원자들 가운데 유일한 사람으로 발탁되었다는 자부심이 자칫 자만심으로 변한다면 그 아나운서는 선민의식에 젖은 속물이 되어 스스로를 망치고 말 것이다. 결국 아나운서로 성장하는 길은 자신의 마음을 어떻게 다스리느냐에 달렸다고 할 수 있다. 아나운서 지망생 시절부터 미리 마음을 닦아나가야 하는 이유가 바로 여기에 있다.

08_ 포기하지 않는 근기를 길러라

실패를 견뎌내는 근기의 힘

"포기하지 않으니까 합격했네요!"

현재는 프리랜서이자 SBS의 대표 아나운서였던 김주희가 2005년 시험에 합격했을 때 한 첫마디다. 김주희가, 아니 김주희만이 이런 말을 할 수 있지 않을까? 지상파 3사와 케이블 등을 포함해 모두 열두 번의 시험을 본 끝에 얻은 합격이었다. 그녀는 대학 3학년 때 나를 찾아와 도전한 이래로 2년 동안 열한 번의 고배를 마셨다. 그런 와중에 미스코리아에 나가 최고의 영예인 진의 타이틀을 거머쥐면서 스피치의 진수를 터득했다는 김주희야말로 근기根氣가 무엇인지를 잘 보여주는 인물이다.

2007년 OBS 개국 멤버로 아나운서 시험에 합격한 유영선은 도전한 지 5년 만에 꿈을 이뤘다. 너무 오랫동안 도전한 끝에 얻은 합격 소식이어서 그런지 유영선은 "실감이 안 난다!"는 소리만 되풀이했다. 좀 이상해 보일 정도였지만 5년을 매달렸다면 나 또한 그랬을 것이다. '언론고시'라는 말이 있지만, 5년 동안 아나운서라는 한 우물만 판다는 것은 쉬운 일이 아니다. 실패해도 좌절하지 않고 될 때까지 도전하는, 말 그대로 '의지의 한국인'이 되지 않고서는 김주희나 유영선도 자신의 이름 뒤에 아나운서 타이틀을 붙이지 못했을 것이다.

실패 뒤에 찾아오는 선택의 기로

한 해를 마무리하는 매년 12월은 아나운서 지망생들에게 당락에 따른 여파가 큰 영향을 미치는 시기다. 합격생은 고진감래의 기쁨을 만끽하며 아나운서로서 벅찬 새해를 맞이할 준비를 하지만, 탈락한 학생은 다시 도전을 할 것인지 포기하고 새로운 인생을 찾아 떠날 것인지를 결정해야 한다.

이 선택의 기로에 선 학생들을 상담할 때는 정말이지 나도 당사자만큼이나 괴롭다. 언제나 학생들을 위한 최선의 조언을 해주기 위해 노력하지만, 어쨌든 결정은 당사자의 몫이다. 학생의 결정이 다른 길을 찾는 것이라면 오히려 홀가분하지만 재도전일 경우에는 세상에서 가장 어려운 선택으로 여겨져 마음이 무겁기만 하다.

시험에서 탈락한 학생들은 아나운서에 대한 도전을 포기하기가 힘들다고 한목소리로 말한다. 특히 목표를 거의 손에 잡을 뻔했던, 최종 면접에서 탈락한 학생들은 다른 길로 진로를 바꾸는 일이 보통 힘든 게 아니다. 누구를 뽑아도 모두 훌륭한 아나운서가 될 가능성이 있다고 여겨지는, 최종 면접까지 올라간 학생의 입장에서는 포기하고 다른 길로 가버리는 결정을 하는 게 정말 어려운 일이다. 그래서인지 "그동안 고시 공부하듯이 버텨왔는데……", "조금만 더 하면 될 것 같은데……"라고 말하며 삼수나 사수를 결정하는 경우가 많다.

이럴 경우 당사자는 물론이고 가족들도 참으로 힘겹고 고통스러울 것이다. 어렵고 험난한 고행 길을 또다시 가야 하니 어찌 그렇지 않겠는가. 특히 당사자에게는 '지옥이 따로 없다'는 표현이 딱 맞을 것이다.

결국은 근기 싸움

재도전을 결심한 아나운서 고시생들을 지켜보면서 아나운서가 되기 위한 도전은 아무나 하는 일이 아니라는 생각이 든다. 해마다 늘어나는 아나운서 재수, 삼수, 사수, 오수생을 바라봐야 하는 내 입장에서는 가슴이 아프지만, 한편으론 그것이 자신이 선택한 직업에 대한 애정과 갈망의 표현이자 꿈을 이루기 위한 노력이라는 생각이 들어 대견스럽기도 하다.

과연 누가 자신의 꿈을 실현하고자 최선을 다하는 이들에게 손가락질하겠는가. 학생들의 도전이 자칫 집착으로 변질되지 않길 바라면서 따스한 시선으로 조심스레 그들을 독려하고 지켜주자고 다짐할 뿐이다.

연말마다 학생들과 함께 가슴앓이를 하면서 나는 '아나운서의 꿈을 이루는 것은 결국 근기 싸움이구나' 하는 결론을 내렸다. 아나운서 시험 합격은 어설픈 도전자들에게는 당연히 어림도 없는 일이고, 자질이 있는 지원자들 가운데서도 끈기가 부족한 사람들에겐 어려운 일이라는 것이다. 결코 포기하지 않는 끈기를 가진 도전자에게만 아나운서의 꿈을 펼칠 기회가 찾아오는 것이 현실이다.

만일 당신이 아나운서가 되고 싶다면 한두 번 탈락했다고 포기하지 마라. 1,000명 가운데, 1,500명 가운데, 1,800명 가운데 뽑히는 1명이 되려면 어떤 경우에도 좌절하지 않고 도전하는 근기를 가져야 한다. 김주희 아나운서나 유영선 아나운서가 잘 보여주었듯이 아나운서에 대한 도전은 결국 근기 싸움이니 말이다.

09_ 자신만의 멘토를 찾아라

멘토의 존재

아나운서가 되는 과정은 단순히 쉽지 않은 정도가 아니라 참으로 지난한 여정이다. 이 막막해 보이는 길을 혼자 걸어 간다면 너무나 힘겹고 두려울 것이다. 그래서 아무리 젊고 당당한 도전자라도 아나운서라는 목표를 향해 가고자 할 때는 여러 사람의 도움이 있어야 한다. 전폭적인 지지를 해 줄 가족은 물론이고, 선의의 경쟁을 하면서도 서로를 도우 며 함께 걸어갈 동료도 필요하다.

그러나 가장 중요한 것은 도전자가 고배를 마시고도 오

뚝이처럼 다시 일어설 수 있도록 도와주는 지지자가 있어야 한다는 것이다. 재수, 삼수는 기본이요, 사수, 오수까지도 이어지는 것이 현실이다 보니 아나운서 도전자는 장기전에 대비하지 않을 수 없다.

이때 필요한 것이 바로 멘토의 존재다.

산소와도 같은 존재, 멘토

멘토라는 말은 고대 그리스의 시인 호메로스의 작품《일리아스》와《오디세이》에 등장하는 이타카섬의 왕 오디세우스와 관련이 있다. 트로이전쟁에 출전하게 된 오디세우스는 친구인 멘토Mentor에게 자신의 아들인 텔레마코스를 부탁하고 전장으로 떠났는데, 멘토는 오디세우스가 20년에 걸친 전쟁과 유랑에서 돌아올 때까지 텔레마코스의 선생님이자 상담자, 친구이자 아버지의 역할을 도맡아 왕위를 노리는 수많은 야심가들 사이에서 친구의 아들이 훌륭하게 자라도록 잘 돌봐주었다. 이후 멘토mentor라는 말은 지혜와 신뢰로 한 사람의 인생을 이끌어주는 지도자라는 의미로 사용되고 있다.

멘토의 어원에 얽힌 이야기를 보면 오디세우스의 친구인 멘토는 대단히 지혜로운 인물임에 틀림없다. 하지만 누군가의 멘토가 반드시 그리스 서사시에 나오는 멘토와 같은 지혜를 지녀야 한다는 법은 없다. 멘토의 도움을 받는 멘티mentee의 인생에 긍정적인 역할을 할 수 있다면, 멘토는 그 사람의 가족일 수도 있고 학교의 선생님이나 직장 혹은 인생의 선배일 수도 있다. 복잡다단한 현대인의 생활 속에서 멘티에게 크든 작든 정신적인 도움을 준다면 친구나 후배 역시 멘토가 될 수 있다. 특히 아나운서 시험과 같이 어려운 관문을 통과하기 위해 도전장을 내민 수험생들에게 멘토는 꼭 필요한 산소와 같은 존재다.

멘토가 필요한 이유

아나운서 지망생들에게는 크게 두 가지 이유로 멘토가 필요하다.

첫 번째 이유는 제대로 된 준비를 하기 위해서다. 아나운서가 되기 위해 나를 찾아온 대부분의 사람들은 그동안 다음과 같은 고민을 많이 했다고 털어놓는다. '과연 내가 해낼 수 있을까?', '내가 아나운서의 자질이나 능력을 갖추고 있을까?', '너무 늦은 건 아닐까?', '아나운서가 되기에 부족한 외모는 아닐까?' 등. 이런 고민을 해본 사람이라면 어설픈 허영심에 들떠서 '나도 한번 해볼까?' 하고 이 길에 들어선 것은 절대 아니다.

하지만 이런 고민을 해본 사람들도 정작 아나운서가 되기 위해 준비해야 하는 것들에 대해서는 엉성한 경우가 대부분이다. 아나운서가 되고 싶다는 열정과 에너지는 충만한 데 반해, 자신이 무엇을 준비해야 하는지는 잘 모르고 있는 것이다. 이때 지망생들에게 필요한 것이 바로 멘토의 존재다.

여기 아나운서가 되고 싶은 열망만 있을 뿐, 준비된 건 아무것도 없는 지망생이 있다고 하자. 시작이 반이라고 하지만 남들보다 준비된 것이 없다면 그만큼 뒤처지는 건 당연하다. 늦었지만 집중력을 발휘해 열심히 해보겠다고는 하지만 준비가 어느 정도 갖춰진 친구들에 비해 아무래도 불리한 조건임에 틀림없다. 이럴 때 자신의 멘토 역할을 해줄 스승이나 선배가 주변에 있다면 최소한 준비 단계에서는 절반이 진행된 것으로 생각해도 좋다. 이 경우 멘토는 멘티에게 '무엇을 제일 먼저 준비해야 하는가', '실기는 언제쯤부터 진입해야 하는가', '필기는 무엇을, 어떻게, 언제부터 준비해야 하는가', '의상이나 헤어, 메이크업은 어디서 어떻게 해야 하는가'를 비롯해 다른 준비 사항들에 대해서도 관심을 갖고 자상하게 챙겨줄 수 있기 때문이다.

아나운서 지망생에게 멘토가 필요한 두 번째 이유는 충격을 받았을 때 극복하기 위해서다. 나름대로 열심히 준비하고도 낙방의 고배를 마시게 된 수험생은 정신적으로 충격을 받는다. 이때 수험생이 자신을 추스르고 안정을 되찾기 위해 멘토가 필요하다. 정신력이 강한 수험생이라면 스스로 재기할 수 있겠지만 그래도 실패가 계속되면 견디기 어렵다. 이때 멘토는 멘티에게 실패의 요인을 분석해주고 재도전을 해야 하는 당위성을 일깨워준다.

포기를 막는 멘토의 역할

내가 볼 때 아나운서가 될 자질을 다 갖춘 한 지망생이 있었다. 문제는 약 2년 정도의 도전 과정에서 나온 그녀의 성적이었다. 최종 면접까지 올라간 적이 있는가 하면 1차 실기 시험이나 필기 시험에서 탈락하는 경우도 있어 합격을 예측하기가 매우 힘들었다. 그런데 어느 지상파 아나운서 시험에서 낙방한 뒤로 한 달 동안이나 연락이 없던 그녀가 어느 날 갑자기 나타나서는 "선생님, 아나운서 시험…… 이젠 그만 보겠습니다!"라고 하는 것이 아닌가.

그동안 뒷바라지를 해오시던 홀어머니의 간곡한 부탁으로 아나운서의 꿈을 접기로 했다지만 뛰어난 순발력과 개성을 가진 인재임을 알아봤던 나는 그녀의 마음을 돌려야겠다고 생각했다. 바로 그때 지방의 모 방송사에서 아나운서 추천을 의뢰하는 전화가 걸려왔다. '이거다!' 하고 느낀 나는 그녀를 설득하기 시작했다.

"마지막으로 마음을 비우고 여행 삼아 지방 방송사 시험을 봐보는 것이 어떻겠니? 정말 부담 없이 이 일을 그만두는 기념으로…… 아쉬우니까 마지막 시험이라 여기고 즐기면서 한번 봐보자!"

결국 그녀는 하루에 1차 실기부터 최종 면접까지 보는 지역 방송사 시험을 치르러 갔다. 그리고 마침내 그토록 바라던 최종 합격을 거머쥐었다. 그 후 그녀는 아나운서로 열심히 일하며 행복해하고 있다. 그녀의 어머니도 딸이 원하는 일을 하게 돼서 무척이나 안도하며 기뻐했다는 말을 전해 들었다. 그녀에게 멘토와 같은 역할을 한 나 역시 아나운서의 자질을 갖춘 한 사람이 꿈을 펼칠 수 있도록 도와서 정말 기분이 좋았다.

마지막 한 번의 도전으로 인생이 달라졌다고 할 수 있는 위의 경우처럼, 실패를 겪고도 어려운 도전을 이어나가는 아나운서 지망생에게 길을 열어주는 멘토는 없어서는 안 될 존재다.

물론 가능성이 보이지 않는 사람에게는 이른 포기를 권해

줄 멘토도 필요하지만 더 필요한 건 꼭 아나운서가 되어야 할 지원자의 포기를 막는 멘토다.

눈물겨운 아나운서 지망생의 길

아나운서의 꿈은 분명 어렵고 힘든 것임에 틀림없다. 모든 도전자에게 좌절과 갈등의 고통을 주고 끝이 없을 것만 같은 인내를 요구하니 말이다.

또 본인은 끝까지 가보고 싶지만 집안이나 개인의 사정 때문에 포기해야만 하는 안타까운 경우도 생긴다. 게다가 자질이나 능력이 충분한 아나운서 지망생들이 시험 운이 따라주질 않아 재수, 삼수, 사수, 오수까지 하다가 지친 나머지 하나 둘씩 떠나가는 것을 보면 정말 눈물겹다.

단언하건대 이 길은 혼자서 걸어가기엔 너무 힘들다. 그렇기 때문에 아나운서에 도전하는 사람들은 이런 힘든 과정에서 포기의 유혹을 받을 수밖에 없다. 이럴 때 섣부르게 중도 하차하지 않도록 선생님이나 선배, 친구나 지인 등을 멘토로 만들어 힘들 때 기대고 의논하는 지혜가 필요하다.

어떤 사람을 멘토로 삼겠다고 해서 "당신은 나의 멘토입니다"라고 굳이 선언할 필요는 없다. 크고 작은 결정을 할 때 혼자서 하지 않고 다른 사람과 의논하게 되면 바로 그 사람이 당신의 멘토인 것이다.

어떤 방식으로 멘토를 만들든 멘토는 분명 당신이 꿈을 이루는 데 도움을 줄 것이다.

10_ 많이 읽고, 많이 생각하고, 많이 써보라

말 잘하는 사람, 글도 잘 쓰는 사람

방송 생활 28년 가운데 25년 동안 인터뷰 프로그램을 진행했으니 나는 인터뷰 전문 아나운서였다고 할 수 있다. 독자 여러분은 어떻게 생각할지 몰라도 25년 동안의 인터뷰 프로그램 진행은 나에게 행운이자 보람이었다. 프로그램을 진행하면서 우리 사회의 다양한 인물들을 만나 그들의 인생철학을 배울 수 있었던 것은 크나큰 행운이었다. 그리고 인터뷰 대상으로 선정된 인물을 알기 위해 그들의 저서나 작품에 대해 공부하면서 풍부한 지적 역량을 갖추게 된 것에서도 보람을 느낀다.

수많은 사람들을 인터뷰하면서 터득한 것 중 하나가 '말 잘하는 사람이 글도 잘 쓴다'는 것이다. 정말이지 그 자리에서 받아 적고 싶은 마음이 들 정도의 언어의 마술을 보여준 사람들은 대부분 소설가나 시인이었다. 지금껏 기억에 남아 있는 사람들은 박완서, 김홍신, 박범신 등의 소설가와 이어령 문학 평론가들이다. 그 외에도 일일이 다 열거하기 힘들 정도로 많지만 이들의 공통점은 글을 잘 쓰는 만큼 말도 잘한다는 점이었다.

특히 말이 간결하면서도 명쾌하고, 나아가 멋있던 박완서 선생님과의 인터뷰는 지금 생각해도 꿈같은 시간이었다. 어쩌면 그렇게 적절한 단어와 맛깔나는 표현을 구사하시는지. 그분과 대화를 나누며 하시는 말씀을 다 적어두고 싶은 충동이 일었다. 박완서 선생님께서 그런 내공을 가지게 된 것은 아마 그분의 인생이 녹아든 정제된 언어로 이루어진 수많은 작품들 덕분일 것이다.

말에 대한 사고 훈련

소설가나 시인들이 참신한 표현은 물론이고 새로운 단어까지 만들어내는 '언어의 마술사'라면, 아나운서는 그런 표현이나 단어들을 사람들에게 전달하는 '언어의 전령'이라고 할 수 있다. 사람들에게 칭찬받는 훌륭한 전령이 되려면 어떻게 해야 할까? 우선은 참신한 표현이나 새로운 단어들을 많이 접해야 한다. 그래서 아나운서 지망생들에게 첫 번째 강의를 할 때면 나는 늘 이 말을 강조한다.

"좋은 글을 많이 읽고 아름다운 시를 많이 읽으면서 나의 언어 노트를 만들어가세요!"

여기에 곁들여서 시 암송도 권한다. 기왕이면 좋은 시를 100편 정도 골라서 아예 암송해두라고 말이다. 그러다 보면 언어가 풍요로워지는 것은 물론이고 남다른 언어 감각으로 시청자를 사로잡을 수 있는 말솜씨를 갖출 수 있다.

나의 권유를 받아들인 어느 아나운서 지망생은 2년 동안의 준비 기간 중에 독서 스터디를 운영했다. 독서 스터디를 중심으로 책 읽기와 시 암송을 정기적으로 계속했더니 자연스럽게 자신의 언어 스타일이 변화된 것은 물론이고 마음까지 아름다워졌다고 했다. 마침내 이 학생은 다른 사람에게 '빛나는 말솜씨'를 가졌다는 칭찬까지 듣게 되었다.

말을 잘하고자 한다면 많이 읽는 것만으로는 부족하다. 읽고 난 다음에 생각을 해야 한다. '왜 이런 식으로 표현했을까?', '이런 단어는 어떤 상황에서 사용하면 적절할까?' 등 표현과 단어, 그리고 그런 표현과 단어를 사용해서 완성된 문장에 관한 사고를 충분히 해야 한다. 말에 대한 사고의 훈련이 충분히 되어 있어야 적재적소에 알맞은 말을 할 수 있기 때문이다.

자신만의 언어 노트

많이 생각한 다음에는 많이 써보라고 권하고 싶다. 《난장이가 쏘아올린 작은 공》의 조세희 소설가는 마음에 드는 한 줄의 문장을 만들기 위해 수백 번을 쓰고, 지우고, 다시 썼다고 한다. 그 정도까지는 아니더라도 아나운서 지망생들 역시 마음에 드는 표현이나 단어, 문장이 있으면 그것들을 노트에 옮겨 반복해서 써보는 습관을 들여야 한다.

독자 여러분도 영어 단어를 외울 때 경험했듯이 단어를 노트에 써보면 잘 외워질 뿐만 아니라 기억에도 오래 남는다. 마찬가지로 쓰는 훈련을 하는 아나운서 지망생은 마음에 드는 표현이나 단어와 문장을 외우는 것은 물론이고, 기억의 창고에 저장해두었다가 필요할 때 사용할 수 있어야 한다.

아나운서를 지망하지 않는 독자라도 자신의 언어 노트를 마련해보자. 그리고 아름다운 글귀나 시 구절들을 암송하고 노트에 옮겨 적으며 그것을 나의 언어로 만들어가는 노력을 해보자. 어느새 당신도 아름다운 우리말 표현을 구사하는 멋진 한국인이 되어 있을 것이다. 그러다가 언어의 전령인 아나운서가 되어 우리의 방송을 품위 있게 만들어준다면 정말 고마울 것 같다.

11_ 포기하는 순간에 기회가 찾아온다

점점 어려워지는 아나운서 시험

아나운서 공채 시험은 어느 도전보다 힘들고 까다롭다. 나는 PD나 기자가 되는 것보다 아나운서 되기가 더 힘들고 복잡다단하다고 생각한다. 단순한 시험이 아니다.

우선 선발 인원 자체가 적다. 1년에 지상파 3사의 아나운서 선발 인원은 4~5명 미만이고, SBS와 JTBC 등은 격년제로 선발하고 있으니 정말 어려운 시험이다. 보통 2,000여 명이 도전해도 선발 인원은 3~4명, 적게는 1~2명이다 보니 로또 당첨과 비교될 수 있을지 모르겠다.

또한 우수한 인재들이 대거 몰려드는 시험이어서 더더욱 힘겨운 시험일 수밖에 없다. 90년대에는 토익 점수 700점대면 무난히 지원할 수 있었지만 요즘은 800점대는 넘어야 하는 상황이며, KBS 방송국에 지원하려면 KBS한국어능력시험에서 3급 이상은 확보해야만 가능하다. 게다가 글쓰기의 기본을 갖춰놓아야 하기 때문에 논술이나 작문의 기본기는 확실히 익히고 있어야 한다. 이렇다 보니 아나운서 관문은 오디오와 비디오의 실기시험은 물론이고 필기 시험에도 철저히 대비해야 한다. 그래서 아나운서 되기가 보통 힘든 일이 아니란 말이 나오는 것이다.

수많은 변수들

아나운서 지망생들에게 겁주고자 하는 이야기가 아니다. 이 직업을 원하는 사람들이 많고, 모든 요소를 갖춘 인재들이 많이 모여들다 보니 아나운서 시험은 점점 어려워지고 있다. 이런 현실을 알고 뛰어들어야 한다는 말을 하려는 것이다. 위에 언급한 모든 조건을 다 갖추었다고 합격이 보장되는 것도 아니다. 운도 따라야 한다. 시험 당일 자신의 컨디션 조절 운, 즉 시험 당일의 자신의 생체리듬 운도 따라주어야 한다. 그리고 메이크업이나 헤어스타일의 합도 맞아야 한다. 또한 어떤 성향의 심사위원들이 들어오느냐에 따라 당락이 바뀌기도 한다. 코드가 맞는 심사위원을 만나야 한다는 말이다. 또 매년 달라지는 선발 경향이 어떻게 바뀌었는가도 중요하다.

아나테이너anatainer란 신조어처럼, 오락 프로그램에 투입되는 흐름에 맞춰 아나운서를 선발한다면 합격 기준이 달라질 가능성이 크다. 그래서 광고에 출연하거나 연극배우 이력이 있는 신인 아나운서가 선발되기도 한다. 이렇듯 그동안의 전통적인 트렌드나 스타일과는 다른, 연예인 분위기가 있고 끼가 다분한 지원자에게 관심이 쏠리는 경우도 있다는 말이다.

지난해는 뉴스 앵커 아나운서를, 올해는 교양 MC 아나운서를, 다음 해는 오락 프로그램 MC 아나운서를 선발하는 등 채용 계획에 따라서도 결과가 달라진다. 이 모든 변수가 아나운서 시험의 당락을 결정짓는 핵심 사항이 되고 있다. 물론 여기서 가장 중요한 핵심 요인은 자신의 의지력과 인내력이다.

매 순간 피를 말리는 아나운서 지망생의 길

아나운서가 될 수 있는 모든 조건을 다 갖춘 지망생이 있었다. 하지만 그에게 운이 따르질 않아 재수, 삼수로 이어졌다. 그러다 기진맥진해 포기할 상황에 이르고 말았다. 나이도 들어가고, 주위의 우려에 찬 시선도 힘겨웠다. 더욱이 자신의 의지력과 인내력이 한계에 다다랐다. 결국 포기하기로 했다. 초창기의 의기양양한 기세는 온데간데없고 좌절과 회의만 가득했다. 열심히 준비하고 나름대로 1% 부족한 부분까지 세밀히 점검해 완성도를 갖추었건만, 최종 면접까지 올라가서는 번번이 탈락이었다. 2개월에서 3개월 동안 치러지는 5단계의 시험 절차를 겪고 나면 일어서 있을 기력조차 고갈되어버리는 공황 상태까지 다다르게 된다.

오죽하면 강수정 아나운서가 재도전한 SBS 공채 시험 최종 면접에서 불합격 통지를 받았을 때 울면서 가을에 있을 MBC 시험은 포기하고 KBS 한 곳만 최선을 다해보겠다고 했을까. 그녀는 너무 힘들어서 두 곳을 동시에 도전할 기력이 없다고 했다. 그만큼 힘들고 에너지 소모가 크며 체력이 뒷받침되어야 한다.

지원자의 말을 빌리면 시험을 치르는 매 순간순간이 피를 말리는 과정이라고 한다. 어느 아나운서 지망생은 한 차례 시험을 치르고 나면 3~4kg은 쉽게 빠진다고 했다. 그래서 재수, 삼수 끝에 포기할 땐 대개 한계에 다다른 상태에서 이 시험을 놓아버리게 된다.

포기하는 순간이 기회

그런데 포기하는 순간에 기회가 오는 경우가 많다. KBS 아나운서로 한때 9시 뉴스 앵커로 명성을 날렸던 모 아나운서도 그런 경우였다. 최종 면접까지 수차례 올랐으나 행운이 따라주질 않았다. KBS로 세 번째 도전을 앞두고 있던 그녀는 어느 날 찾아와 포기하고 다른 직장에 가겠다고 했다. 마침 대기업 사내 방송 추천 건이 들어와 있어서 그곳에 가기로 마음을 정한 상태였다. 나는 간곡히 조언했다.

"그래, 마음도 정했으니 편안히 시험을 즐기면서 마지막으로 한 번만 더 도전해보자."

그녀는 여유 있는 마음으로 도전해 부담 없이 시험을 치르고 최종 면접까지 무난히 오르더니, 덜컥 합격의 영광을 차지했다. 내가 불교방송에서 일할 때였는데, 그때 사무실로 100송이의 합격 꽃다발이 배달되었다. 그녀의 기쁨에 찬 목소리가 지금도 생생하다.

"선생님 덕분에 합격했어요. 고맙습니다."

포기의 순간에 찾아온 마음의 여유 때문에 편안하게 즐기면서 시험을 치르고, 그 결과 합격을 거머쥐게 된 것이다.

그렇다! 포기하는 순간이 기회일 수 있다. 이 시험이 까다로운 건 바로 이런 면 때문이기도 하다. 너무 힘이 들고, 너무 긴장하고, 너무 잘하려고 하는 모습은 오히려 감점의 원인이 될 수도 있다. 평소 자신과 같은 자연스러움과 개성이 그대로 드러날 때 실력이 발휘되고 심사위원의 마음을 끌어당길 수 있는 것이다.

12_ 언제나 아나운서처럼 행동하라

오늘부터 아나운서

"여러분은 오늘 수업의 시작과 동시에 아나운서가 됐다고 생각해야 합니다."

나는 매번 아나운서 교육 과정의 첫 수업 때 지망생들에게 반드시 이 말을 한다. 마음가짐을 확실히 하라는 뜻도 있지만, 실제 행동도 아나운서처럼 하라는 요구이기도 하다. 강의를 듣기 전부터 아나운서가 되기 위해 노력해온 경우를 제외하면 대부분의 수강생은 아나운서가 되겠다는 의지만 가득하다. 따라서 이들의 언행은 다듬어지지 않은, 자유

자재 그 자체다. 20여 년 동안 굳어진 습관은 하루아침에 바뀌지 않지만, 아나운서 시험에 통과하려면 그동안 형성된 언행 습관을 바꿔야 한다. 즉, 아나운서 시험까지 주어진 수개월 동안 스스로 언행을 조금씩 교정해나가야 한다는 것이다. 그렇다면 무엇을 고쳐야 하는가?

올바른 언행 습관을 위한 지침

첫째, 바른 말을 사용해야 한다.

아나운서가 갖추어야 할 바른 말의 기본은 역시 표준어 사용이다. 수도권에서 성장한 사람들은 표준말을 사용하는 데 문제가 없지만 지방에서 성장한 사람들은 발음과 억양에서 문제가 생길 수 있다. 언어 습관은 자기도 모르는 사이에 나타나게 되므로 상당한 주의를 기울여야 바꿀 수 있다. 더구나 수개월이라는 짧은 기간에 교정하려면 사투리를 일절 사용하지 않는 것은 물론이고 매일 표준어 발음을 연습해야 한다.

표준어 발음과 함께 연습해야 하는 것은 품위 있는 언어 사용이다. 우리는 일상의 대화에서 비속어를 많이 사용한다. 비속어의 사용은 말의 품격뿐만 아니라 말을 하는 사람의 품격도 떨어지게 만든다. 또래끼리 습관적으로 사용하던 모든 비속어, 은어, 유행어, 채팅 용어 등은 일절 입에 담지 말고 상황에 맞게 품위 있는 언어를 선택해 사용해야 한다.

둘째, 바른 자세를 가져야 한다.

우선 항상 바른 자세를 유지해야 한다. 키가 큰 사람의 경우 무의식적으로 상체를 앞으로 기울이는 경향이 있는데 이는 바람직하지 않다. 앉아 있을 때나 서 있을 때나 걸을 때나 항상 반듯한 자세를 유지하도록 애써야 한다. 남자들의 경우는 거만하게 보이지 않도록 조심해야 하고 여자들의 경우는 척추를 곧게 펴고 있는 것이 보기에 훨씬 좋다.

아나운서 지망생들 가운데는 카메라 렌즈를 통해 화면에 나타나는 자신의 얼굴을 보고 처음에 깜짝 놀라는 경우가 있다. 다른 곳에 이상이 있을 수도 있지만 대부분은 입이 비뚤어져 있기 때문이다. 당사자는 꿈에도 그런 생각을 해본 적이 없는데 입이 비스듬히 기울어져 있는 것은 치아와 관련이 있을 수 있다. 음식을 씹기 편한 쪽으로 계속해서 사용하다 보니 그쪽 편 볼이 발달하고 반대편 볼은 부실하게 되어 한쪽 입꼬리는 올라가고 반대편 입꼬리는 내려가는 것이다. 비뚠 입술은 아나운서에게 치명적인 결점이지만 식습관을 바꿈으로써 쉽게 교정할 수 있다.

아나운서가 가져야 하는 바른 자세에는 표정과 시선 처리까지 포함된다. 누구나 카메라 앞에 서면 긴장하기 마련이어서 눈을 자주 깜빡이거나 눈썹이나 미간을 찡그릴 수 있다. 이 역시 좋지 못한 표정이다. 하지만 어색함도 카메라에 익숙해지면 자연스럽게 사라진다. 아나운서 지망생은 반듯한 이목구비와 온화한 표정을 갖도록 항상 노력해야 한다.

반면 시선 처리는 좀 더 어려운 문제다. 자신은 일상처럼 그저 보는 것뿐인데, 그 시선이 흘겨보거나 째려보는, 혹은 쏘아보는 눈빛이 될 수 있다. 간혹 남자들의 쏘아보는 시선은 박력 있는 것으로 평가될 수도 있지만, 여자들에게는 절대 금물이다. 지나치게 눈에 힘을 준다든가 눈빛을 강렬하게 하는 것은 역효과가 날 가능성이 높으므로 꼭 필요한 경우가 아니면 부드러우면서도 총명해 보이는 눈빛을 유지하는 것이 좋다. 또 한곳에 시선을 오래 고정시키거나 자주 옮기는 것도 좋지 않으므로 이런 습관이 있는 사람은 시선을 적당하게 이동시키는 연습을 해야 한다.

셋째, 의상과 헤어스타일을 정리 정돈해야 한다.

먼저 의상의 경우 남자는 정장, 여자는 그중에서도 단정한 투피스 정장이 기본이다. 청바지와 티셔츠에 익숙해 있던 사람들이 갑자기 정장 차림으로 생활하려면 불편하겠지만 익숙해져야 한다.

한 가지 덧붙일 것은 꼭 비싼 브랜드의 옷을 입을 필요는 없다는 것이다. 옷을 보고 선발하는 것이 아니므로 중저가라도 자신에게 잘 어울리는 색상의 옷이면 된다. 단, 체크무늬의 경우 화면에서 뭉개져 보일 수 있으므로 피해야 한다. 평소에도 이런 차림을 하라고 아나운서 지망생들에게 권하는 이유는 복장이야말로 그 사람의 의식에 가장 큰 영향을 끼칠 수 있기 때문이다. 오죽하면 '옷이 날개'란 말도 나왔겠는가?

헤어스타일은 옷보다 더 민감한 부분이다. 우리는 매일 자신의 마음에 드는 머리 모양을 만들기 위해 드라이기와 빗을 사용한다. 이때 단 한 번에 마음에 드는 머리 모양이 나오기란 힘들다. 가르마의 위치를 매번 고민하거나, 머리카락의 길이가 문제를 일으키기도 한다. 그래도 너 나 할 것 없이 결국은 자신을 잘 표현할 수 있는 헤어스타일을 만들고야 만다. 게다가 여자는 남자보다 백배는 더 고민한다. '생머리로 할까? 웨이브를 넣을까?', '긴 머리를 할까? 단발머리로 할까?' 등. 어느 쪽을 택하든 자신을 가장 돋보이게 하면서도 단정한 헤어스타일로 바꿔야 한다.

백조가 되기 위한 날갯짓

아나운서처럼 행동하라는 것은 우아하거나 멋있는 척하

라는 것이 아니다. 우아하고 멋있는 사람이 되라는 말이다. 모두들 20년이 넘게 지켜온 자기만의 독특한 스타일이 있기 때문에 짧은 시간에 변신하는 것은 쉬운 일이 아니다. 더구나 자기만의 개성을 지키면서 변신을 해야 하는 만큼 더욱 어렵다. 하지만 노력하면 얼마든지 가능한 일이다. 우리는 〈마이 페어 레이디My Fair Lady〉라는 영화에서 미운 오리새끼가 백조가 되는 것을 이미 보지 않았는가.

이렇게 스스로 아나운서라고 생각하고 준비를 하다 보면 실전과 같은 연습이 가능해진다. 이런 연습을 반복하다 보면 실제 시험장에서 긴장감 없이 혹은 긴장을 최소화시킨 채 시험을 치를 수 있다. '연습은 실전처럼, 실전은 연습처럼'이 가능해질 때 아나운서의 꿈은 현실이 될 수 있다.

13_ 문화의 편식은 금물, 감성지수를 높여라

문화의 편식은 금물

방송에 종사하는 사람들 가운데 문화생활과 가장 밀접하게 연관된 사람은 누굴까? 여러 가지 대답이 나올 수 있겠지만 정답은 문화 관련 프로그램을 진행하는 사람이다. 그렇다면 문화 관련 프로그램 MC들 가운데서는 누구일까? 얼핏 생각하면 음악인이나 미술인 MC가 해당될 수 있다. 그런데 문제는 이런 사람들의 경우 편식을 한다는 것이다. 즉 미술인은 음악에 소원할 수 있고, 음악인은 미술에 소원할 수 있다. 이 경우는 작가나 교수들도 마찬가지다. 하지만 아나운서에게는 이런 편식이 용납되지 않는다.

아주 특별한 경우를 제외하고는 대부분의 아나운서들이 한 프로그램의 MC를 5년 이상 진행하는 일은 매우 드물다. 음악 프로그램을 진행하다가 미술 관련 프로그램으로 자리를 옮길 수 있고, 책 소개 프로그램을 진행하다가 인터뷰 프로그램을 맡을 수도 있다. 아나운서가 문화의 한 분야에만 몰두하는 것이 용납되지 않는 이유가 여기에 있다. 언제 어떤 종류의 프로그램을 맡게 될지 모르므로 문화 전반에 고른 관심을 가져야 한다.

사람들에게 문화생활을 권하는 이유는 인성을 풍부하게 만들기 때문이다. 인성이 풍부한 사람에게는 여유가 생기고 그 여유는 그 사람의 얼굴에 드러난다. 마음에 여유가 있는 사람은 표정이 부드럽고, 부드러운 표정을 가진 사람은 자연히 남들에게 호감을 사게 되니 문화생활이 일상화된 사람은 일석이조의 효과를 거두는 셈이다. 특히 얼굴이 클로즈업되어 표정 하나하나가 시청자들에게 그대로 노출되는 아나운서는 더욱 그렇다.

문화생활의 생활화

그렇다면 아나운서 지망생들도 문화생활을 통한 표정 관

리를 해야 할까? 두말하면 잔소리다. 정해진 몇 개월의 시간 안에 여러 가지 실무를 익혀야 하는 아나운서 지망생들은 나름대로 아주 바쁘다. 특히 학생이나 직장인들의 경우 더욱 그렇다. 하지만 바쁠수록 더욱 문화생활을 해야 한다. 사람이 바쁘게 생활하다 보면 자신도 모르게 초조해지고 그것이 바로 말과 행동, 그리고 얼굴 표정에 그대로 반영되기 때문이다. 초조함이 배어 있는 얼굴은 아나운서 시험에서 감점 요인으로 작용할 수밖에 없다. 그래서 한가하게 들릴 수 있는 문화생활을 권하는 것이다.

그렇다고 문화생활에 대한 강박관념을 가질 필요는 없다. 자신이 좋아하는 분야를 중심으로 자연스럽게 접근하면 된다. 휴일에 전시회나 연주회, 서점이나 영화관을 찾아가는 것도 좋고, 전망이 좋은 창가에 앉아 차를 마시며 음악을 듣거나 집 근처의 공원을 산책하며 꽃을 감상하는 것도 좋다. 전공이나 취미에 따라 그림을 그리거나 악기를 다루어보는 것도 좋고, 꽃꽂이를 하거나 글을 써보는 것 역시 좋다. 와인 동호회에 가입해 활동하거나 사교댄스를 배우는 것도 마찬가지다. 드라이브가 취미라면 교외의 도로를 달려보는 것도 좋고, 스포츠 관람이 취미라면 경기장에서 관람하는 것도 물론 좋다. 당일치기 여행은 물론이고 7박 8일쯤의 해외여행이라면 다른 곳의 문화를 접할 수 있으니 적극 권하고 싶다.

갖춰야 할 감성지수

문화생활을 권하는 이유는 감성지수EQ, Emotiona Quotient를 높이기 위해서이기도 하다. '마음의 지능지수'라고도 불리는 감성지수는 사람의 감정을 조절하고 다른 사람과 원만한 관계를 유지할 수 있는 능력의 정도를 말한다. 다른 사람과 원만한 관계를 유지할 수 있는 능력을 기르기 위해서는 다른 사람들과 많이 접촉해봐야 하는데 이때 문화생활을 통하는 것이 가장 좋다. 독자 여러분도 마찬가지가 아닐까? 자기만의 특별한 비법이 있는 사람은 예외로 하고 말이다.

아나운서는 직업상 여러 사람을 만나게 된다. 특히 여자 아나운서들의 경우 문화와 관련된 사람들을 많이 만나게 되는데, 문화생활을 통해 감성지수를 높이고 기본적인 교양을 갖춰온 아나운서라면 보다 쉽게 그런 사람들의 협조를 얻어낼 수 있을 것이다. 설령 문화계 인사가 아니더라도 문화생활의 측면에서 공감대가 형성되면 친밀감이 생겨나므로 아나운서로서 보다 좋은 프로그램을 만들 수 있는 보너스를 얻게 된다. 그러니 자신과 방송을 위해서 아나운서는 높은 감성지수를 갖출 필요가 있다. 달리 말하면 문화 문외한은 아나운서의 자격이 없다는 말이다.

14_ 성격 좋은 사람이 결국 성공한다

여럿이 함께 만드는 방송

지능지수IQ가 아닌 감성지수EQ가 인간의 총명함을 결정한다고 주장한 미국의 행동주의 심리학자 다니엘 골먼Daniel Goleman은 다시 사회지능지수SQ, Social intelligence Quotient를 주장했다. 그에 의하면 사회지능지수는 '감성지수인 EQ의 부분적인 개념으로, 남과 조화롭게 지내는 방법을 본능적으로 파악하는 능력의 정도'다. 학창 시절에 공부를 잘했지만 사회에서 별 볼 일 없는 사람이 되어버린 친구도 있고, 반대로 성적은 좋지 않았지만 사회생활을 잘하는 친구도 있다. 사회지능지수가 부족한 사람은 원만한 대인 관계를 형성하기가 어렵고, 특히 여럿이 함께 일하는 분야에서는 자신의 능력을 온전히 펼치는 데 손해를 본다.

아나운서가 속한 방송 분야는 여럿이 함께 일하는 대표적인 분야다. 예를 들어 생활 정보 프로그램에서 아나운서가 현장에 나가 생방송을 해야 하는 경우를 한번 살펴보자. 현장에 나가는 인력은 최소한 아나운서 1명, 카메라맨 1명, 차량 기사 1명이다. 좀 더 방송의 질을 높이려면 오디오맨 1명, 조명 담당자 1명이 추가된다. 여기에 스튜디오의 MC와 FD, 제작을 지휘하는 PD와 대본을 쓰는 작가, 스튜디오 카메라맨, 조정실의 기술 요원들을 합하면 최소한 10명 이상의 사람들이 공동으로 제작에 참여한다. 규모가 큰 프로그램의 경우 스태프만 해도 수십 명에 이른다.

공을 나눠 갖는 지혜

시청자나 청취자들의 시선은 방송에 나오는 아나운서에게 집중된다. 방송을 잘 마친 아나운서는 시청자나 청취자들로부터 칭찬을 받는다. 이때 훌륭한 아나운서들은 자신이 받은 상찬賞讚을 스태프들에게 돌릴 줄 안다. 방송에서 멘트로 알릴 수 있으면 알리고 방송이 끝난 뒤에는 일일이 감사의 인사를 전한다. 이때 작용하는 것이 골먼이 말한 사회지능지수다. 사회지능지수가 높은 사람은 자신을 도와준 많은 사람들을 챙기고 그 공을 나눠 갖는 지혜를 발휘한다.

살인적인 경쟁을 뚫고 아나운서가 된 사람들은 자신이 최고의 실력자라는 자부심을 가질 자격이 있다. 하지만 아나운서는 곁에서 자신을 도와준 사람들 역시 그 분야의 최고 실력자들이라는 것을 잊지 말아야 한다. 아나운서 스스로 자신은 특별한 역할을 하는 잘난 사람이므로 다른 사람들이 자신을 도와주는 것이 당연하다고 생각한다면 이는 대단한 착각이다. 소위 말하는 '공주병'이나 '왕자병'에 속하는 이런 아나운서들은 대중의 사랑을 등에 업고 당장은 승승장구할지 몰라도 곧 무대에서 사라지게 된다. 어느 사회에서건 이기적이거나 자기중심적으로 사회생활을 하는 사람은 따돌림을 당하기 마련이다. 이 규칙은 방송계에서도 정확하게 작용한다.

성격 좋은 사람

아나운서 지망생들은 이기적이거나 자기중심적인 사고방식을 버려야 한다. 생각해보라. 아나운서 공채 시험의 최종 면접까지 올라간 지원자들은 서로 능력 면에서 비슷한 사람들이다. 그러니 심사위원들이 최종 면접에서 보는 것은 십중팔구 아나운서가 되겠다는 사람들의 '성품'일 것이다. 방송이 공동 작업의 산물임을 누구보다 잘 알고 있는 심사위원들이 이기주의자나 자기중심주의자를 아나운서로 낙점할 리가 없다.

이기주의자나 자기중심주의자는 그 사고방식 때문에 모난 성격을 갖기 쉽다. 이런 성격은 하나의 프로그램이 탄생하기까지 여러 사람과 더불어 많은 어려움을 겪어야 하는 방송 일에 적합하지 않다. 그러니 평소 주위 사람들에게 까칠하다는 소리를 많이 듣는 아나운서 지망생이라면 성격 좋은 사람으로 다시 태어날 필요가 있다.

하지만 성격 좋은 척하는 것으로 시험에 통과할 생각은 꿈에도 하지 않는 것이 좋다. 우선 카메라에 걸린다. 비록 기계일지라도 카메라는 사람의 마음을 읽어서 표현하는 마술을 부릴 줄 안다. 카메라는 마음의 명암을 그대로 드러낸다. 지원자의 나쁜 성격은 화장이나 의상을 통한 위장술로 가려지지 않는다.

다음은 선배나 심사위원들에게 걸린다. 직업상 대인 경험이 풍부한 그들은 사람의 성격을 알아보는 마음의 눈을 가지고 있다. 합숙이나 면접에서 그들의 눈을 속이는 것은 카메라를 속이는 것보다 더 어렵다. 정말 운 좋게도 잠시 이들의 눈을 속여 아나운서가 된다고 해도 그런 사람은 자신의 성격을 바꾸지 않고서는 결코 아나운서로 성공할 수 없다.

그렇다면 성격 좋은 사람이라는 소리를 들으려면 어떻게 해야 할까? 여러 가지 방법이 있겠지만 나는 배려심을 갖추고 마음을 다스리는 노력을 기울이면서 유머 감각을 익히라고 권하고 싶다. '웃음은 명약'이라고 했다. 힘들고 피곤할 때 유머 한마디가 모두에게 힘을 줄 수 있다. 유머가 전부는 아니지만 좋은 성격을 만드는 데 출발점이 될 수 있다. 누가 알겠는가? 상황에 맞는 유머 한 방이 당신을 아나운서로 만들어줄지!

15_ 건강은 기본이고 체력은 필수다

아나운서에게 필요한 체력

TV 가요 프로그램을 보면 검은 선글라스를 쓰고 나오는 가수들을 종종 보게 된다. 어떤 시청자는 그 가수가 건방지다고 생각하겠지만 그는 나름의 애로 사항이 있다. 실내 공연이나 야외의 야간 공연의 경우 무대를 향해 강한 조명이 쏟아지게 된다. 이때 관객이나 시청자는 무대 위의 가수가 잘 보이지만 가수는 역광으로 들이치는 조명의 강렬한 빛 때문에 관객이 잘 보이지 않는다. 그래서 검은 선글라스를 쓰는 진짜 이유는 관객을 살펴보려는 것도 있지만 그보다 자신의 눈을 보호하려는 목적이 더 크다. 실제로 가수들은 강렬한 조명 때문에 시력 저하를 겪고, 드라마 촬영장의 연기자들 역시 조명에 장시간 노출되면 시력에 상당한 손상을 입는다고 한다.

아나운서도 마찬가지다. TV에 얼굴이 자주 클로즈업되는 직업의 특성상 조명의 폭포 속에서 살아간다고도 해도 과언이 아니다. 특히 더운 여름에 조명의 열기까지 더해진 촬영 현장에 서면 숨이 턱턱 막힌다. 게다가 무작정 대기하라는 지시가 떨어지거나 재녹화를 진행하고 나면 방송을 끝내고 서 있기도 힘들 정도로 녹초가 되기도 한다. 이럴 때 체력이 뒷받침되지 않으면 방송 도중에 쓰러질 수도 있다. 이것이 아나운서라는 직업의 현실이므로 건강은 말 그대로 기본이고 체력은 필수인 셈이다.

프로와 아마추어의 차이

지난 1983년 6월 KBS에서 방영한 〈KBS 특별생방송 이산가족을 찾습니다〉는 이산가족에게 큰 희망을 주었을 뿐만 아니라 온 국민의 심금을 울렸다. 당시 제작진은 여의도 광장에 몰려든 수만 명의 이산가족을 보면서 프로그램 제작에 혼신의 힘을 다했는데, 특히 아나운서의 노력은 헌신에 가까운 것이었다.

진행을 맡았던 이지연 아나운서는 하루 종일 서서 방송하는 것은 물론이고 손을 잡고 있기만 해도 위안이 된다는 말에 이산가족분들의 손도 일일이 잡아주었다. 밤잠도 제대로 못 자는 나날이 몇 달이나 계속되었다. 이지연 아나운서에게 타고난 건강과 강한 체력이 없었다면 이산가족 찾기 프로그램을 맡을 수 없었을 것이다.

의미 있는 청소년 퀴즈 프로그램인 〈도전! 골든벨〉의 경우는 전국 방방곡곡을 돌아다녀야 하는 것이 문제다. 일주일에 3~4일 동안 출장을 가야 하는 것은 제작진 모두에게 여간 어려운 일이 아닐 수 없지만, 역시 진행을 맡은 아나운서가 가장 힘들다. 1시간짜리 프로그램을 위해 하루에 7~8시간씩 서 있어야 하는 것뿐만 아니라 방송 출연이 처음인 학생들을 유도해야 하는 부담도 급격하게 체력을 소진시킨다. 약 8년 동안 이 프로그램을 맡았던 김홍성 아나운서의 "정말 힘든 방송이었다"는 소감은 아나운서에게 건강과 체력이 얼마나 소중한 것인지를 잘 일깨워준다.

한 가지 더 재밌는 이야기를 하자면, 2008년 3월 네덜란드 암스테르담의 패션 거리에서 제3회 '하이힐 신고 달리기' 대회가 열렸다. 1만 5천 달러의 상금이 걸린 이 대회에 출전한 수백 명의 여성들은 부상의 위험에도 불구하고 9cm나 되는 하이힐을 신고 전력질주를 했다. 이는 보는 사람들의 탄성을 자아냈다. 하이힐 신고 달리기가 전 세계로 확산될 조짐을 보인다는 뉴스를 접했을 때, 나는 우리나라 아나운서 시험에 이를 도입하면 되겠다는 생각을 하면서 쓴웃음을 지었다. 하기야 어디 대한민국뿐이겠는가? 전 세계의 아나운서들이 시간에 늦으면 9cm가 아니라 더 높은 신발을 신었더라도 나는 듯이 달려야 한다. 바람보다 빠르면 프로페셔널 아나운서가 되고 바람보다 늦으면 아마추어 아나운서가 되니, 프로와 아마추어의 차이가 오로지 당사자의 체력에 달린 셈이다.

냉정한 프로의 세계

프로의 세계에서 실수는 용납되지 않는다. 아나운서 역시 마찬가지다. 소위 말하는 방송 사고를 일으켜서는 안 된다. 그것도 외부의 변수 때문이 아니라 아나운서 자신의 실수로 방송에 차질이 생긴다면 그에 대한 주변의 신뢰도는 낮아질 수밖에 없다. 특히 생방송의 경우 한 번 지나가면 다시 되돌릴 수 없기 때문에 방송을 진행하는 아나운서의 의식 저변에 흐르는 긴장감은 대단한 것이다. 이때 당사자의 체력이 약하다면 이를 감당할 수가 없다.

인기가 있어서 프로그램을 3개 정도 맡게 된 아나운서는 편안히 앉아서 제대로 밥 먹을 시간도 없다. 지방 출장은 또 어떤가? 밤을 지새워 강행군을 하는 경우가 허다하다. 스포 츠 중계 등으로 해외 출장을 가게 되면 과중한 업무는 기본 이고 시차와 날씨 적응 문제는 덤이다. 내근이라고 해도 돌 아가면서 야간 근무도 해야 하니 생체리듬을 수시로 바꿔 야 한다. 이런저런 요인들을 다 감안해보면 아나운서는 상 당한 체력을 요구하는 직업이다. 마라톤을 하든 검도를 배 우든 당신 마음이지만 아나운서가 되고 싶다면 체력은 반 드시 갖춰야 한다. 아나운서로 입사하는 순간 당신은 프로 페셔널이 되는 것이니 말이다.

Part 2.

아나운서, 이렇게 준비하면 합격한다!

방송국이란 공간은 유한하지만 방송으로 내보낼 수 있는 소위 '거리'는 실로 무궁무진하다. 이 말은 곧 흔히 생각하는 것처럼 아나운서가 뉴스 진행만 하는 게 아니라는 말이다. 교양이나 오락 프로그램 진행에서부터 인터뷰어, 스포츠 캐스터, 리포터까지……. 그렇다면 당신은 어느 분야의 어떤 프로그램에서 활동하는 아나운서가 되고 싶은가? 물론 하고 싶다고 다 할 수 있는 것은 아니지만, 그 분야를 좀 더 깊게 공부해 시험에 응한다면 심사위원들로부터 더욱 후한 점수를 얻을 수 있을 것이다. 자, 그럼 뉴스 캐스터부터 하나하나 들여다보자.

아 나 운 서 　 멘 토 링

01_ 대중이 신뢰하는 전문성 있는 사람

─ 뉴스 캐스터(앵커)

방송의 핵심 프로그램 진행자

뉴스 없는 방송이 가능할까? 물론 24시간 음악만 틀어주는 방송도 있지만 다른 방송사에서 뉴스 프로그램을 내보내기 때문에 가능한 것이다. 인간의 마음에 호기심이 있는 이상 뉴스 프로그램은 사라지지 않을 것이다.

방송의 핵심 프로그램인 뉴스 프로그램을 위해 일하는 사람은 많지만, 그들을 대표하는 것은 역시 앵커라고 할 수 있다. 앵커는 뉴스 프로그램을 진행하는 동안 화면을 통해 시청자들과 대면하는 것은 물론이고, 뉴스를 전하는 기자들을 호출하거나 귀 뒤쪽으로 끼고 있는 커널형 이어폰을 통해 PD와 스태프들과 소통하며 뉴스의 진행을 책임진다.

이런 여러 가지 역할 중에서도 앵커의 첫 번째 자질은 뉴스의 진행이다. 따라서 대중에게 뉴스를 전달하는 것이 고유의 업무인 아나운서 역시 앵커가 될 수 있다. 요즘 지상파 방송사의 프라임 타임prime time, 시청률이나 청취율이 가장 높은 방송 시간대 뉴스 프로그램에서는 더블 캐스팅을 흔히 볼 수 있다. 남자는 기자 출신이, 여자는 아나운서 출신이 각각 앵커로 호흡을 맞추는 것이 기본이다.

앵커의 조건

사실상 남녀 구별 없이 모든 아나운서가 앵커를 하고 싶어 하지만 모두가 적합한 것은 아니다. 그렇다면 갓 입사한 새내기 아나운서부터 10년이 넘은 고참 아나운서까지 모두를 대상으로 치르는 앵커 오디션의 선정 기준은 무엇일까? 미국에서 23명의 보도국장을 대상으로 한 설문조사 결과, 그들이 원하는 앵커의 조건은 호감 가는 용모, 신뢰도, 의사 전달 능력, 매력, 기지, 애드리브 능력, 젊음, 개성, 융통성, 겸손, 산뜻함, 분명한 발음, 따스한 인품, 다른 동료들과의 친밀한 관계 등이었다. 여러 가지 조건 가운데서 공통

되는 점들을 추려서 정리해보니 앵커가 기본적으로 갖춰야 할 자질은 '명료성clarity', '개성personality', '온정warmth', '신뢰도 credibility', '전문성professionality'이었다.

이렇듯 앵커의 조건은 녹록하지 않다. 깨끗하고 맑은 음색에 바탕을 둔 명료성은 기본이고, 한 인간으로서 다른 사람들과 구별되는 독특한 개성을 가져야 한다. 뿐만 아니라 그 개성이 시청자나 청취자에게 따뜻함을 줄 수 있어야 한다. 그리고 더 나아가 이런 모든 요소가 합쳐져 대중이 신뢰할 수 있는 전문성 있는 사람이 되어야 앵커로서의 조건을 갖추었다고 할 수 있는 것이다. 독자 여러분이 좋아하는 앵커가 있다면 그 앵커는 적어도 여러분에게 이런 요소들을 다 갖춘 인물일 것이다.

앵커의 기본, 뉴스 리딩

앵커가 갖춰야 할 여러 가지 조건 가운데서 가장 기본적인 것을 들자면 역시 원고를 읽는 능력이다. 앵커가 곧 아나운서의 기준이 될 수는 없지만, 아나운서를 뽑을 때 앵커로서의 자질을 어느 정도 고려한다면 1차 카메라 테스트만 보아도 알 수 있다. 지원자들에게 뉴스 원고를 주고 카메라 앞에서 읽도록 하는데, 심사위원들은 20초의 짧은 순간에 지원자가 적합한 사람인지 아닌지를 가려낸다. 라디오 뉴스만을 진행할 아나운서를 뽑는다면 카메라 테스트를 할 필요가 없겠지만, 많은 비용을 들여 사람을 뽑는 방송사로서는 기왕이면 앵커로도 기용할 수 있는 사람을 선발하는 것이 당연하다.

아나운서 공채 시험의 첫 관문, 1차 카메라 테스트에서는 뉴스 리딩으로 아나운서의 적격 여부를 판단한다. 심사위원들은 카메라 앞에서 단 두세 문장을 읽게 하고는 2,000여 명의 지원자 가운데 5~10%를 걸러낸다. '20초 뉴스 리사이틀'이라고 불리는 이 과정에서 과연 심사위원들은 무엇을 보고 100~200명 정도에게만 합격증을 주는 것일까?

1차 카메라 테스트의 합격 여부

1차 카메라 테스트의 경우 워낙 지원자들의 수도 많고 평가할 수 있는 시간이 짧기 때문에 그 사람의 '이미지'를 평가하는 시간이라고 볼 수 있다. 즉 한 사람이 카메라에 비쳐졌을 때 시청자에게 호감을 주느냐, 아니냐가 중요한 것이다. 전문가인 심사위원들은 한순간에 당신의 이미지를 정확하게 읽어낼 수 있다. 그 방송사에서 원하는 외모인지, 방송에 어울리는 안정감 있고 명쾌한 음성을 가졌는지를 한눈에 간파한다는 것이다. 그렇다면 과연 지원자는 어떻게 해야 이 1차 관문을 무사히 통과할 수 있을까?

1차 카메라 테스트에서 전문가들이 가장 중요하게 생각하는 것은 '자신감'과 '친근감'이다. 하지만 초보인 지원자들이 20초 동안에 이런 느낌을 잘 전달하기란 매우 어렵다. 억지로 자신감과 친근감을 만드는 것도 문제지만, 원래 자신감과 친근감이 충만한 사람인데도 카메라 앞이라는 특수한 환경에 처한 나머지, 당황하고 긴장한 탓에 잘 표현하지 못한다면 이는 더 큰 문제다. 그래서 1차 관문의 통과를 원한다면 카메라와 친해질 필요가 있다.

카메라, 마이크와 친해지기

카메라와 친해지기 위해서는 카메라 앞에 자주 서봐야 한다. 카메라를 두려워하고 무서워하면 화면에 두려움과 긴장이 그대로 드러난다. 그래서 카메라가 의식되지 않을 만큼 편안해질 때까지 그 앞에 자주 서보라고 강조하고 싶다. 이때 실제 테스트와 같은 분위기를 내기 위해 조명을 켜놓고 하면 더욱 좋다.

카메라 앞에 서도 아무렇지 않을 정도가 되면 카메라에 연결되어 있는 화면에 비치는 자신의 모습을 보라. 그러면 자신의 얼굴이 사각의 화면 안에서 자신감과 친근감을 가진 얼굴인지 아닌지를 알 수 있을 것이다. 그렇게 약점을 보완한 다음에는 실전처럼 20초짜리 뉴스 원고를 읽고 그 다음에 리플레이 화면을 통해 자신감과 친근감이 유지되고 있는가를 확인하면 된다. 이처럼 카메라만큼은 아니더라도 마이크도 지원자를 긴장하게 만든다. 자신의 일부처럼 느낄 정도로 마이크와 친해져야 한다.

자신감은 얼굴에서 나타나지만 지원자의 발성에도 묻어난다. 그래서 나는 수업 시간마다 지망생들에게 자신감을 보여주려면 음성을 중간 톤으로 맞춘 후에 문장의 처음을 강하고 힘차게 내지르며 시작해야 한다는 점을 강조한다. 또 전체적인 목소리 연출은 가급적이면 볼륨감을 줄 수 있게 배에서 나오는 소리로 하되 부드러우면서도 자연스럽게 말하도록 지시한다. 말하는 속도는 중간 속도로 여유 있게, 발음은 명쾌하게, 입을 크게 벌리고 문장을 읽어 내려가면서 억양의 변화를 구사할 것을 요구한다.

1차 카메라 테스트 통과 비법 6가지

친근감 있는 이미지를 연출하기 위해서는 인사할 때부터 밝고 맑은 인상을 주어야 한다. 특히 편안한 미소는 필수적이다. 실전에서 편안한 미소를 지으려면 실생활에서 늘 웃음을 잃지 않는 태도를 가져야 한다. 평소 전혀 웃지 않던 사람이 카메라 앞에서 시험을 보는 20초 동안 자연스러운 미소를 지을 수 있다면 그 사람은 아나운서보다는 연기자나 영화배우를 지망하는 것이 맞을 것이다.

훈련을 통해서 카메라와 친해지게 되면 실전에서도 자연스럽게 자신감과 친근감을 표출할 수 있게 되어 '20초 뉴스 리사이틀'에서 최고의 이미지를 만들어낼 수 있다. 활기차고 밝은 음색과 성량, 표준 발음의 정확성, 자연스러운 억양, 지성과 교양이 풍기는 환한 미소로 기분 좋게 인사한 뒤, 주어진 원고의 내용을 명쾌하고 자신감 있게 표현한다면 1차 관문을 통과할 가능성이 높다. 아나운서 시험의 1차 카메라 테스트 통과 비법은 다음과 같다.

첫째, 시험 전날까지 카메라와 마이크 앞에 가능한 한 많이 서 보자!

둘째, 첫 시작 인사에서 밝은 미소가 담긴 환한 이미지를 연출하자!

셋째, 뉴스 리딩의 첫 시작은 중간 톤의 당당한 목소리로 자신

있게 시작하자(너무 높은 톤으로 시작하거나 작은 목소리는 자신감 없는 모습으로 비칠 수 있다)

넷째, 발음을 명료하고 정확하게 하기 위해 최대한 여유 있게 읽자!

다섯째, 나는 최고라는 최면을 걸자!(옆 사람의 외모에 기죽거나 앞 사람의 당당한 목소리에 주눅 들지 말자)

여섯째, 평소에 마음의 준비를 해두자!(마인드 컨트롤을 통해 시험 당일의 긴장감이나 불안을 극복하자)

1차 실전 테스트의 관문을 무사히 통과하기 위해서는 무엇보다 자신감과 친근감이 중요한데, 이는 평소 훈련의 양에 비례한다. "카메라(마이크) 마사지!camera massage, 카메라에 자주 노출되는 사람의 외모가 자연스럽게 좋아지는 현상" 이것은 1차 관문 통과를 원하는 아나운서 지망생들이 명심해야 할 금언이다. 카메라(마이크)를 친구처럼 대할 수 있는 지원자라야 TV 화면 안에서도 자신감과 친근감이 확실하게 표출될 것이다.

02_ 성실함과 겸손함,
그리고 따스함을 겸비한 사람
—교양 프로그램 진행자

인간의 다양한 욕구를 채워주는 교양 프로그램

드라마를 좋아하는 일부 시청자는 교양 프로그램을 없애고 그 대신 드라마를 방영해달라고 할지 모른다. 드라마만 방송하는 케이블 채널도 있지만 지상파 방송마저 드라마로 도배된다면 어떤 일이 일어날까?

드라마를 좋아하는 사람들이라면 만세를 부를 것 같지만 사실은 그렇지 않다. 연속극에 푹 빠져 사는 사람들 가운데서도 〈동물의 왕국〉이나 〈6시 내 고향〉과 같은 교양 프로그램의 열혈 팬들이 많다. 이는 기본적으로 인간이 다양성을 추구하는 존재이기도 하지만, 사회의 수준이 높아질수록 구성원들이 그만큼 교양을 쌓을 수 있는 프로그램들을 요구하기 때문이다. 이렇듯 시청자나 청취자들의 다양한 욕구를 채워주는 방송이 바로 교양 프로그램이다.

MC와 조력자들의 역할

교양 프로그램은 다양한 소재와 사람들을 소개하는 프로그램인 만큼 진행자인 MC는 출퇴근길의 복잡한 네거리에서 교통정리를 하는 교통경찰, 선수들 간에 불꽃 튀는 대결이 벌어지는 축구 결승전을 심판하는 주심, 정해진 시간에 주어진 재료로 맛있는 음식을 만드는 요리사, 망망대해를 항해하는 선박의 선장, 항공기 이착륙을 지시하는 공항 관제사 등에 비유되기도 한다.

MC가 이런 역할을 할 수 있도록 뒤에서 많은 사람들이 돕는다. PD와 FD, 작가, 카메라맨, 기술 요원 등의 스태프들이다. PD는 프로그램의 기획과 제작, 녹화 등을 총지휘하고, 작가는 대본을 쓰며, FD는 녹화 현장과 PD를 연결하는 소통 작용을 한다. 그리고 카메라맨은 출연자들의 모습을 화면에 담고, 기술 요원들은 화면과 음성, 음악과 자막, 기타

효과음 등을 모아 방송에 적합하게 처리한다.

하지만 뭐니 뭐니 해도 화면을 통해 직접 시청자나 청취자와 접촉하는 MC가 가장 중요한 역할을 맡을 수밖에 없다. 아무리 기획이나 대본이 좋아도 진행자가 그것을 쉽고 재미있게 시청자나 청취자에게 소화해서 전달하지 못한다면 그 프로그램은 실패할 확률이 높다.

전문가들은 방송 진행자를 '프로그램의 성격, 인기 등에 중요한 영향을 미치는 무대 위의 연출자'로 규정하고 있다. 그러므로 교양 프로그램의 MC는 그 프로그램의 핵심에 자리한다고 할 수 있다.

교양 프로그램 MC의 자질 10가지

예전에는 교양 프로그램의 MC를 아나운서들이 도맡다시피 했다. 하지만 지금은 사정이 많이 달라졌다. 특히 정치나 경제, 시사와 관련된 교양 프로그램의 경우 경제 평론가나 시사 평론가, 교수나 기자 등이 해당 분야의 전문가로서 많이 기용되고 있다. 다양성을 요구하는 사회의 특성상 바람직한 현상이지만, 아나운서에겐 설 자리가 많이 줄어들었다고 볼 수 있다. 물론 아나운서 출신으로서 시사 프로그램의 진행을 맡아 활약하는 손석희 씨 같은 경우도 있지만, 이는 아주 드문 경우다.

　반면에 문화와 예술에 관련된 교양 프로그램의 경우 주로 아나운서들이 MC를 담당하고 전문가들이 게스트로 출연하고 있다. 또 교육이나 일상생활과 관련된 교양 프로그램들 역시 아나운서들이 MC를 맡고 있으므로 교양 프로그램 전체의 경우에서 본다면 아나운서 MC의 비중이 크다고 할 수 있다.

　프로그램의 성격에 따라 다소 차이가 있겠지만 교양 프로그램 MC는 다음과 같은 자질이 요구된다.

첫째, 프로그램 성격에 맞는 전문성을 갖춰야 한다.

둘째, 임기응변으로 대응할 수 있는 순발력이 있어야 한다.(특히 생방송 진행 중 일어나는 돌발 상황에 대처할 능력이 있어야 한다)

셋째, 우리말을 정확하고 품위 있게, 그리고 재치 있게 표현할 줄 알아야 한다.

넷째, 유머 감각이 있어야 한다.

다섯째, 시간 안배 등의 적응력 및 조화 능력이 있어야 한다.(생방송 시간 엄수 문제 등)

여섯째, 인간적인 매력이 있어야 한다.

일곱째, 스태프와의 좋은 인간관계를 만들 수 있어야 한다.

여덟째, 프로그램 목적을 늘 염두에 두고 만전을 기해야 한다.

아홉째, 정신적·육체적으로 건강해야 한다.

열째, 뉴미디어 등 변화하는 환경에 적응하며 새로움을 창조해 나가야 한다.

이상의 10가지 능력을 두루 갖춘 대표적인 MC로는 임성훈 씨와 이금희 씨를 들 수 있다. 30년 이상을 프리랜서 MC로 활약 중인 임성훈 씨는 제작자나 PD들이 함께 일하고 싶은 진행자 1위로 손꼽힌다. 그가 가진 최고의 장점은 프로그램을 완성도 높게 마무리할 줄 안다는 것이다. 더불어 사람을 대할 때 항상 겸손하고 출연자나 스태프에 대한 배려심이 남다르다는 점도 높이 평가된다. 그리고 분초를 다투는 생방송은 물론이고 녹화방송을 할 때도 항상 1시간 전에 나타나 사전에 준비하는 성실함과 늘 공부하는 자세는 감탄할 수밖에 없다.

아나운서 출신의 MC 이금희 씨는 겸손에 바탕을 둔 인간관계의 유연함, 항상 최선을 다하는 자세 등이 남다르지만 그녀만이 가진 최대의 장점은 친밀감과 따스함이다. 시청자들은 이금희가 뿜어내는 인간적인 친밀감과 따스함 때문에 그가 진행하는 프로그램을 시청한다고 해도 과언이 아닐 것이다.

MC 테스트에서 보여줘야 할 8가지

한국 최고의 교양 프로그램 MC로 자타가 공인하는 두 사람의 예에서 볼 수 있듯이 교양 프로그램의 MC는 말을 잘하는 달변가도, 미남 미녀도 아닌 성실함과 겸손함이 그대로 프로그램에서 녹아 나오는 사람들이다. 이런 관점에서 볼 때 실기 시험 2~3차 관문에서 치러지는 MC 테스트에서 지원자가 보여주어야 할 것들은 다음과 같다.

첫째, 대본을 소화하는 능력(순발력)

둘째, 자신의 매력을 최대한 표출하는 능력(단순한 테크닉이 아님)

셋째, 인간적인 매력을 보여줄 수 있도록 연출하는 능력(겸손, 따스함, 친밀감 등의 요소)

넷째, 잠재된 개성과 끼

다섯째, 파트너 MC와의 조화

여섯째, 일관되게 프로그램을 이끌어가는 균형감

일곱째, 함께 일하고 싶은 MC의 모습(스태프와의 조화 등)

여덟째, 최선을 다하는 자세(실수하거나 잘 안 되어도 끝까지 해내는 성실함)

따라서 1차 관문을 통과한 지원자가 2차나 3차 실기 시험에서 보여줄 것은 단순한 테크닉이나 단편적인 능력보다는 자신의 내면에 잠재되어 있는 인간적인 모습이 가미된 진행 능력이다. 지원자는 자신만이 가진 매력과 좋은 심성을 최대한 보여줄 수 있도록 최선을 다해야 할 것이다. 또 인간적인 성실함과 겸손함 그리고 따스함을 보여주는 것이 능력 이전에 교양 프로그램 MC로서의 자세와 자질임을 명심해야 한다.

03_ 시청자에게 웃음을
선물하는 만능 엔터테이너
─오락 프로그램 진행자

갈수록 다양해지는 오락 프로그램

오락 프로그램은 한마디로 시청자나 청취자에게 즐거움을 전달하는 프로그램이다. 우리나라 방송의 초창기는 대중가요와 코미디가 오락 프로그램의 주축이었지만, 오늘날에는 게임쇼와 퀴즈쇼에 이어 토크쇼, 비디오쇼, 버라이어티쇼, 캠페인쇼 등이 더해져 매우 다양해졌다. 사정이 이렇다 보니 오락 프로그램이야말로 가장 많은 다양성을 가진 프로그램이 되었다.

특히 내용의 측면에서도 정보와 접목시켜 오락과 정보를

모두 제공한다는 의미에서 '인포테인먼트infortainment, 인포메이 션과 엔터테인먼트의 결합어' 혹은 '쇼양쇼와 교양의 결합어'이라고 불리는 오락 프로그램들이 늘어나고 있다. 오락 프로그램의 출연자 들도 매우 다양해졌는데 가수, 코미디언, 개그맨, 탤런트, 영 화배우 등은 물론이고 의사, 변호사, 교수 등 사회 지도층 인 사들도 출연하고 있으며 심지어는 아나운서들이나 앵커들 도 패널이나 게스트로 출연해 시청자와 청취자들에게 즐거 움을 선사하고 있다.

오락 프로그램 MC를 맡는 아나운서

20년 전만 해도 방송 프로그램 진행자의 직업 분포는 연 예인 38.9%, 아나운서 37.7%, 전문 MC 15.6%, 기자 5.2%, 대학교수 등 전문 직업인 2.6%로 나타났다. 최근 들어 연예 인과 아나운서의 MC 활동이 계속 늘어나고 있다.

방송 프로그램의 경향이 이렇게 바뀌다 보니 오락 프로그 램의 MC 역시 가수나 개그맨 위주에서 아나운서와 짝을 이 루는 더블 MC 체제로 바뀌는 추세다. 특히 쇼 프로그램 전 문 MC인 개그맨이나 가수들이 독점했던 게임쇼 프로그램 에 여자 아나운서들이 MC로 진출하는 경우가 눈에 띈다.

게임쇼 프로그램의 여자 아나운서 MC들은 다양한 인물

들이 출연하는 프로그램에서 남자 MC와 호흡을 맞추며 출연자와 관객의 언행에 대한 교통정리를 함으로써 아나운서의 활동 영역을 넓히고 있다. 이제 유재석이나 신동엽, 강호동 등의 옆에 여자 아나운서들이 서서 더블 MC로 사회를 보는 것은 자연스러운 현상이 되었다.

아나운서야? 연예인이야?

이러다 보니 아나운서와 연예인의 경계가 모호해지는 문제가 발생하기 시작했다. 우선 의상의 변화가 두드러지는데 투피스 정장 차림이 기본이던 아나운서가 번쩍이는 드레스나 민소매 차림으로 등장한다. 단정한 머리 모양새나 얼굴 화장도 프로그램 성격에 맞추어 화려하게 바뀌었다. 때로는 "아나운서인지 연예인인지 모르겠다"는 볼멘소리가 나오기도 한다. 심지어 요즘은 연예·오락 부문을 보도하는 신문의 1면에 아나운서가 등장하는 걸 보면 실로 연예인 같다.

아나운서들의 이런 측면을 반영해서 만들어진 신조어가 바로 아나테이너다. 그렇지만 아나운서는 누가 뭐래도 아나운서다. 아나운서들은 프로그램의 성격에 따라 오락 프로그램이면 오락 프로그램, 뉴스 프로그램이면 뉴스 프로그램에 맞는 모습을 보여준다. 또 오락 프로그램이라도 퀴즈쇼나 토크쇼, 캠페인쇼 등에서는 아나운서 본래의 모습을 유지한 채 사회를 보기 때문에 게임쇼 프로그램에 출연한 것에 출연한 것만으로 아나운서의 진면목이 훼손되고 있다고 보는 것은 문제가 있다.

오락 프로그램 MC의 자질 7가지

오락 프로그램은 교양 프로그램과 뉴스 프로그램 이외에서 아나운서들의 또 다른 능력을 보여주는 대표적인 프로그램으로, 교양 프로그램과는 달리 엔터테인먼트 요소가 강하다고 할 수 있다. 따라서 상황에 맞게 아나운서 자신이 노래나 춤 실력을 보여주는 엔터테이너가 되어야 함은 물론이다. 이렇게 때로는 엔터테이너로서 재능을 보여주어야 하는 오락 프로그램 MC의 자질은 다음과 같다.

첫째, 프로그램의 성격에 잘 적응해야 한다.(고전적인 아나운서의 이미지에서 벗어나 밝고 명랑하게)

둘째, 순발력과 위기관리, 대처 능력이 뛰어나야 한다.(순발력, 재치, 애드리브 등)

셋째, 유머 감각이 있어 재미를 줄 수 있어야 한다.(오락 프로그

램이므로 당연하다)

넷째, 친화력이 있어야 한다.(파트너 MC, 스태프, 출연진, 관객과의 소통)

다섯째, 장기가 있어야 한다.(춤, 노래, 성대모사 등)

여섯째, 부지런해야 한다.(의외로 사전에 준비할 것이 많다)

일곱째, 자기만의 이미지를 만들어야 한다.(지적인 모습, 명랑함, 털털함 등)

궁극적으로 MC는 주연의 위치에 선 조연과 같다. 프로그램의 주인공은 출연자나 프로그램의 내용, 즉 콘텐츠다. "MC는 말을 잘하는 사람이기보다는 상대가 말을 잘하도록 도와주는 사람이어야 한다"는 이금희 씨의 말처럼, 이때의 아나운서는 분위기 조성자인지도 모른다.

오락 프로그램 MC 테스트에 임하는 자세

현재 활약하고 있는 오락 프로그램의 MC들은 대부분 앞의 요소들을 다 갖추고 있다. 2007년부터 본격적으로 오락 프로그램에 투입되기 시작한 이후, 예상보다 아나운서들도 빠르게 적응했다. 오락 프로그램의 아나운서 MC에 대한 시청자들의 호응에 방송사들이 아예 오락 프로그램 MC를 염두에 두고 아나운서로 선정할 것이란 이야기도 솔솔 흘러나온다. 그렇다면 공채 실기 시험 2~3차 시험에서 치러지는 오락 프로그램 MC 테스트는 어떻게 준비해야 할까?

첫째, 개인기 한 가지는 반드시 준비한다.(모창, 연기, 춤, 노래, 개그, 마술 등)

둘째, 멍석을 깔아주면 확실하게 보여준다.(머뭇거리거나 어중간한 자세는 금물이다)

셋째, 테크닉보다는 성실한 모습을 보여준다.(잘 못하더라도 최선을 다해 노력한다)

넷째, 자기만의 개성을 보여준다.(잠재된 끼를 발산한다)

다섯째, 심사위원들의 주목을 받도록 노력한다.(웃길 수 있다면 가장 좋다)

오락 프로그램 MC 테스트는 지원자가 자신을 부각할 수 있는 절호의 기회다. 예를 들어 단정한 이미지나 지적인 이미지가 대부분인 지원자들 가운데서 털털한 모습을 보이는 사람이 있다면 단연 심사위원들의 눈에 띌 것이다.

유재석이나 강호동은 프로그램을 위해 몸을 던진다. 그들은 MC지만 시청자들의 웃음을 위해서라면 자신의 망가진 모습이나 부상도 개의치 않는다. 그 정도로 프로그램을 우선시한다. 또 자신보다는 출연진들을 띄워주기 위해 노력한다.

자신이 참여한 프로그램에 따라 MC로서 이미지의 변신을 꾀할 수 있는 아나운서 지망생이라면 심사위원들도 합격증을 줄 것이다. 아나운서 시험도 어떻게 보면 신입 사원을 뽑는 시험이다. 심사위원들 또한 지원자의 자세나 가능성을 보는 것이지 당장에 가지고 있는 능력이나 테크닉으로 합격자를 결정하지는 않는다.

04_ 사람의 매력과 향기에 취하다
—인터뷰 진행자

행복했던 인터뷰 프로그램 경험

방송에서 누군가를 인터뷰하는 일은 생각보다 많다. 시사 프로그램을 진행하는 MC가 방송 현장에 나온 출연자나 전화로 연결된 전문가, 관계자, 시청자, 청취자 등과 문답을 주고받는 것 또한 인터뷰다. 뉴스 프로그램에서 기자가 질문하고 시민이 대답하는 것도 일종의 인터뷰인 것이다. 이런 경우들은 전체 프로그램을 구성하는 데 있어서 부분적인 형식들 가운데 하나일 뿐이다. 아무래도 인터뷰 프로그램이라고 부를 수 있는 것은 프로그램의 주된 형식을 인터뷰로

잡는 프로그램이다.

KBS 라디오에서는 1986년 3월부터 밤 10시에 〈문화살롱〉이라는 프로그램을 방송하기 시작했다. 아마도 우리나라의 첫 번째 문화·예술 전문 프로그램인 〈문화살롱〉은 전체 콘셉트가 인터뷰였다. 영광스럽게도 내가 그 프로그램의 MC를 맡았고, 매일 두세 명의 문화·예술계 인사를 모시고 대담을 나누게 되었다. 개인적으로도 무척이나 해보고 싶었던 분야였고, 문화·예술 프로그램 초대 MC로 보낸 5년의 기간은 내 인생에서 가장 행복했던 아나운서 시절이었다.

철저한 준비 작업은 필수

일반인들은 만나기가 힘든 유명 문화·예술인들을 매일 만나면서 그들의 세계에 빠져들기 위해 나는 철저하게 사전 준비를 했다. 게스트가 정해지면 그들이 쓴 책을 미리 읽고, 그들이 그린 그림을 미리 보고, 그들이 연주하는 음악을 미리 들었다. 그리고 다른 전문가들이 내린 그들에 대한 평가를 준비하는 것도 빠뜨리지 않았다. 독서와 관람 등은 내가 좋아하는 것들이라 일이라고 생각하지 않고 즐겁게 임했다.

열심히 한 덕분에 〈문화살롱〉은 진행자와 출연자의 호흡이 잘 맞아 '예술 현장의 모습과 감동을 그대로 전달하는 프로그램', '윤기가 흐르는 프로그램'이라는 평가를 얻었다. 만일 MC인 내가 현장에서 발로 뛰는 준비를 하지 않고 작가가 써준 원고만 가지고 방송을 진행했더라면 〈문화살롱〉은 MC와 게스트가 겉도는 무미건조한 프로그램이 되었을 것이다. 더더구나 청취자들의 사랑은 기대하기도 어려웠을 것이다.

인터뷰 프로그램을 위해 철저하게 준비한 것이 나뿐일까? 미국 ABC의 유명한 인터뷰어인 바바라 월터스Barbara Walters는 단 20분짜리 인터뷰 프로그램을 위해 철저한 준비를 했던 것으로 유명하다. 먼저 조사 요원 10명에게 도서관과 자료실을 샅샅이 뒤져 노트 1권 분량의 질문 문항을 만들게 하고는, 그 가운데서 1차로 100개를 뽑고 2차로 다시 20개로 압축하는 방식으로 방송 현장에서 사용할 질문들을 결정했다. 명성 높은 바바라 월터스의 날카로운 인터뷰는 많은 시간과 자금을 투입해 일련의 과정을 통해 만들어졌던 것이다.

이처럼 수준 높은 인터뷰 프로그램을 위해서 철저한 준비 작업은 필수적이다. 준비가 철저할수록 인터뷰어인 MC는 적확한 질문을 하게 되고, 인터뷰이인 상대방으로부터 시청자나 청취자가 듣고 싶어 하는 답변을 보다 자연스럽게 이끌어낼 수 있다.

인터뷰 프로그램 MC에게 필요한 자질 5가지

그렇다면 철저한 준비 작업 외에 인터뷰 프로그램 MC에게 필요한 것은 무엇일까? 인터뷰 프로그램 MC에게는 다음과 같은 자질이 필요하다.

첫째, 배운다는 마음가짐과 태도를 가진다.

둘째, 상대에 대해 철저하게 연구하고 준비한다.(기본 정보, 현장 점검, 간접 인터뷰 등)

셋째, 상대의 이야기를 경청한다.

넷째, 상대를 편안하게 해준다.

다섯째, 자신의 말은 가능한 한 짧게 한다.

결국 많은 사전 준비와 자료 조사, 현장 답사 등을 통해 인터뷰이의 많은 부분을 이해해야 심도 있고 재미있는 이야기들이 나오게 된다. 또한 편안하고 안정된 분위기를 조성하고 친밀감을 느낄 수 있는 교감이 오갈 때 더욱 좋은 내용의 인터뷰를 할 수 있다. 잘 들어주는 인터뷰어야말로 참된 MC라고 할 수 있다.

미국의 경우 바바라 월터스나 래리 킹Larry King과 같은 인물들이 유명하고, 우리나라의 경우는 김동건, 이금희 등 아나운서 출신 MC들이 있다. 개그우먼 김미화 씨 또한 시사·교양 프로그램의 친근한 진행자로 두각을 나타낸 바 있다.

05_ 3D 업종? 수많은 사람을 열광시키는 업종
—스포츠 캐스터

오리지널 캐스터

올림픽이나 월드컵 같은 세계적인 스포츠 축제의 현장에는 언제나 전 세계인들의 이목이 집중된다. 바로 이때 선수 못지않게 가슴을 졸이며 텔레비전 앞에 모여 앉아 응원하는 여러분에게 경기를 생생히 중계해주는 아나운서가 바로 스포츠 캐스터다.

"금메달, 금메달입니다!" 소리에 경기를 보고 듣는 수많은 사람들이 환호한다. 중계하는 아나운서도 우리나라 선수가 승리하면 기쁘다. 아나운서들은 "금메달!"이라는 그 한마디를 외치기 위해 엄청난 에너지를 소모한다. 특히 라디오 중계 아나운서의 경우 현장의 열기를 그대로 전달하기 위해서 말 그대로 고함을 질러야 한다. 종목에 상관없이 경기를 중계하면서 쉴 새 없이 정보를 전달하다가 몇 번이나 혼신의 힘을 다해 고함을 지르다 보면 탈진하지 않을 장사가 없다.

장비가 좋아지고 기법들이 발달했지만 스포츠 중계를 하는 아나운서들이 처한 환경은 여전히 그리 좋은 편이 아니다. 한여름 무더위 속에서 하는 야구나 축구 경기 중계, 한겨울 강추위 속에서 하는 스키나 스케이트 경기 중계, 실내의 탁한 공기와 강렬한 소음 속에서 하는 농구, 권투, 레슬링 경기 중계 등은 아나운서들을 녹초로 만들어버린다.

게다가 방송 전에 챙겨야 할 사항도 만만치 않다. 경기하는 각 팀에 대한 개괄적인 정보는 물론이고 경우에 따라서 선수와 감독에 대한 세세한 정보까지 챙겨야 한다. 또한 감각을 잃지 않기 위해 수시로 경기장에 나가 감각을 익히고 동료들의 중계를 모니터링하는 것도 게을리하지 말아야 한다. 이렇게 하지 않으면 날로 수준이 높아지는 시청자나 청취자들의 기대치를 맞추기 어려울 뿐만 아니라 지적이나 비난을 피할 수 없다.

어디 그뿐인가? 올림픽이나 아시안게임 같은 경우에는 하루에 3~5경기를 중계해야 하는 것은 기본이다. 그것도 서로 완전히 동떨어진 종목을 중계할 때는 정보의 홍수 속에서 헤엄치는 일도 해야 되니 가히 살인적이라고 할 수 있다. 그럼에도 불구하고 초인적인 힘을 발휘해 시청자나 청취자들에게 정보를 전달하는 것을 보면 스포츠 중계 아나운서야말로 캐스터라고 불릴 자격이 있지 않을까? 캐스터 caster는 원래 '던지는 사람'이란 뜻이니, 경기 중에 시청자나 청취자에게 속사포처럼 말을 던지는 스포츠 중계 아나운서야말로 오리지널 캐스터인 셈이다.

이렇게 힘들기 때문에 스포츠 중계를 3D 업종으로 여겨 신입 남자 아나운서들의 기피 대상이 되었는지도 모르겠다. 하지만 스포츠 중계는 다른 분야에서 맛볼 수 없는 감격을 느낄 수 있다. 올림픽이나 월드컵과 같은 역사적인 현장을 생생하게 전달하는 데 성공했다는 자부심이나 성취감은 여느 프로그램에서도 느끼지 못하는 것들이다. 현장에서 중계를 맡은 캐스터들이 시청 앞에서, 터미널에서, 사무실에서, 호프집에서, 가정에서 전 국민과 한마음으로 함께하며 응원을 이끌었던 그 감격을 어찌 잊을 수 있겠는가?

스포츠 캐스터에게 필요한 자질 5가지

스포츠 중계가 희소가치를 지녔던 1950~1970년대의 경우, 스포츠 중계 아나운서들 가운데서 임택근 아나운서나 이광재 아나운서 같은 스타가 등장했다. 지금은 중계하는 방송사와 중계되는 경기도 많아져 그때와 같은 인기는 기대하기 어렵다. 하지만 올림픽에서 메달을 따기 위해, 월드컵에서 4강에 들기 위해 국가적인 역량을 기울이는 것이 일반적인 추세임을 감안한다면 스포츠 캐스터의 임무는 막중하다고 할 수 있다. 그렇다면 스포츠 캐스터에게 필요한 자질은 무엇일까?

첫째, 스포츠 경기 자체를 좋아해야 한다.(관람은 물론이고 직접 경기를 해본다면 분위기를 알 수 있어서 더더욱 좋다)

둘째, 건강하고 체력이 좋아야 한다.(순간을 놓치지 않는 눈과 엄청난 체력이 요구된다)

셋째, 순발력과 임기응변이 뛰어나야 한다.(주요 순간에 대한 정확한 묘사, 돌발 상황에 대한 적절한 대처가 중요하다)

넷째, 집중력이 있어야 한다.(경기의 흐름을 놓치면 그야말로 낭패다)

> 다섯째, 표현력과 전달력이 좋아야 한다.(정확한 발음과 풍부한 성량이 중요하다)

스포츠 캐스터, 어떻게 준비할까?

요즘은 스포츠 캐스터에도 여자 아나운서들이 투입되고 있다. 남녀평등의 측면도 있겠지만 남녀를 통틀어 그만큼 적임자를 찾기 어렵기 때문일 것이다. 아나운서 지망생들이여, 바로 이 순간이야말로 스포츠 캐스터가 될 절호의 기회다. 아나운서 시험장에서 스포츠 중계를 멋지게 해낸다면 말이다. 빠르게 진행되는 스포츠 중계의 임무를 멋지게 해내기 위해서는 다음과 같은 준비를 해야 한다.

> 첫째, 경기장에 자주 나간다.(분위기에 익숙해지고 실제 캐스터의 모습도 벤치마킹한다)
>
> 둘째, 정보를 수집한다.(팀과 선수, 감독에 대한 정보 등)
>
> 셋째, 모의 중계를 한다.(음소거한 화면을 보면서 큰 소리로 중계해본다)

준비가 다 되었으면 실제 상황에서는 확실하게 현장을 장악해야 한다. 명색이 스포츠 중계인데 기어들어가는 목소리로 더듬거린다면 대실패다. 반면에 당당하게 중계할 수 있다면 당신은 틀림없이 좋은 스포츠 캐스터가 될 것이다. 왜냐하면 귀하신 몸이 오셨기 때문이다.

3D 업종이라 불리기도 하지만 스포츠를 사랑하는 당신이라면 한번 도전해볼 만하지 않겠는가. 현장의 느낌을 그대로 살려 "슛, 골~인!"이나 "홈~런!"을 외친다면 당신의 한마디에 수많은 사람들이 열광할 것이다.

06_ 오늘도 내일도 화창한 인기 직종
—기상 캐스터

관심 높아지는 직종

북아메리카 대륙의 절반을 차지하고 있을 만큼 넓은 미국, 그리고 그 넓은 땅의 동서남북을 종횡무진 돌아다니는 미국인. 그래서인지 미국인들은 뉴스는 안 봐도 일기예보는 반드시 본다는 말이 있을 만큼 날씨에 관심이 많다. 사정이 이렇다 보니 미국의 각 방송사는 능력 있는 기상 캐스터를 구하기 위해 피나는 노력을 하는 것은 물론이고, 기상 캐스터들도 자기가 맡은 프로그램을 재미있게 진행하기 위해 온갖 아이디어를 동원한다. 심지어는 중년의 남자 기상 캐스터가 쇼 프로그램처럼 진행하는 일기예보가 나오기도 하는데, 이는 그만큼 기상 캐스터에게 힘이 있다는 말이기도 하다.

미국과는 많은 차이가 있지만, 우리나라에서도 기상 캐스터에 대한 인식이 많이 바뀌고 있다. 뉴스 프로그램 말미에 양념처럼 붙는 종속 프로그램에서 탈피해 〈날씨와 생활정보〉 같은 독립적인 프로그램으로 자리 잡고 있는 것부터가 큰 변화다.

게다가 오늘날에는 지구온난화 등의 영향으로 이전과 다른 기후변화가 발생하고, 좁은 국토임에도 지역별로 날씨의 편차가 크고 변덕스러워졌다. 또한 주 5일제 근무 실시 이후에는 여가 생활에 대한 관심도 늘었으며, 미세먼지와 같은 환경문제는 일상생활에 직접적인 영향을 끼치고 있다. 우리의 생활양식과 환경의 변화에 따라 일기예보의 중요성과 관심이 점차 높아지고 있는 것이다. 그런데 이런 변화는 일기예보를 전하는 기상 캐스터에게도 영향을 끼치고 있다.

1970~1980년대 활약했던 인기 기상 캐스터(당시에는 통보관이라고 했다) 김동완 씨는 기상청의 기상 전문가(중앙기상대 예보분석관, 통보관, 예보과장)로 근무하면서 각 방송사에 날씨와 정보를 전하면서 유명해졌다. 그는 날씨 정보에 대한

해박한 해설과 구수한 목소리, 그리고 재미있는 입담으로 인기가 높았다. 1990년대에는 날씨 정보를 전문으로 취재하는 남성 기자들이 간혹 취재에 얽힌 뒷얘기를 담아서 기상 정보를 전해주는 식으로 일기예보를 진행했다. 당시에 KBS의 조덕준 기상 전문 기자나 MBC의 조이문 기상 전문 기자들이 인기를 끌었다.

그런데 2000년대 들어 기상 전문 여성 캐스터들이 늘어나더니 지금의 일기예보는 완전히 20대 여성 기상 캐스터들의 독무대가 되었다.

중년 남성들이 활약하는 미국과는 달리 우리나라에서는 20대 여성들이 기상 캐스터의 세계를 장악하고 있는 것도 재미있는 현상이라고 할 수 있다.

기상 캐스터의 자질 3가지

젊고 발랄한 여성 기상 캐스터들은 컴퓨터 그래픽을 활용한 입체적인 화면을 배경으로 스튜디오와 야외를 연결하거나 배경음악 등을 활용해 날씨를 알려준다. 게다가 옷차림이나 건강, 세차나 등산 등과 같은 개인의 일상생활은 물론이고, 냉난방 기기의 생산이나 에너지 절약 등과 같은 기업 및 국가 차원의 일을 조언(?)하는 경우도 있다.

일기예보가 한 방송에서 차지하는 시간은 길어야 1분 30초 정도지만, 하루에 10번 전후로 나가기 때문에 기상 캐스터의 존재는 대중들에게 확실하게 각인된다. 그런 대중적인 인기를 바탕으로 기상 캐스터 출신의 배우(김혜은, 김미진)와 MC(안혜경) 등이 성공을 거두자, 기상 캐스터의 인기가 급상승했다. 요즘은 1~2명만 모집하는 시험에 200~1,000명의 지원자가 몰리기도 한다. 이제 기상 캐스터는 분명히 인기 직종이 된 셈이다. 그렇다면 수많은 지원자들 사이에서 경쟁력을 갖추려면 어떤 자질을 갖추어야 할까?

첫째, 표준어를 정확한 발음으로 사용해야 한다.
둘째, 음성이 밝고 명쾌해야 한다.
셋째, 인상이 밝고 호감이 가는 이미지여야 한다.

기상 캐스터는 정규직인 경우도 있지만 주로 계약직이거나 프리랜서다. 보통 기상 캐스터의 결원이 생기면 방송사가 아니라 담당국 차원에서 공고를 내고 두 차례 정도의 실기 시험을 거쳐 선발한다. 따라서 아나운서 시험에 응시할 정도라면 대부분 기상 캐스터의 자격을 갖추었다고 볼 수 있다. 다만 날씨 정보를 담은 원고의 낭독과 인터뷰를 하는 기상 캐스터 시험에는 다음과 같은 점을 유념하여 준비해야 한다.

> **첫째, 밝고 건강한 이미지를 준다.**
>
> **둘째, 실제로 방송하듯 생동감을 잘 살려서 원고를 읽는다.**
>
> **셋째, 전문성을 가진다.**(날씨에 대한 관심, 기상 캐스터에 대한 자부심 등)

기상 캐스터의 경우 관련 학과(기상학과, 대기과학과, 천문학과 등) 전공자가 유리할 수 있으나 절대적인 것은 아니다. 현재는 지상파 3사와 YTN에 5~6명의 기상 캐스터가 있고 케이블 방송과 위성방송에도 1~3명 정도가 활약하고 있다. 30분짜리 단독 일기예보 프로그램을 계획하고 있는 곳도 있는 만큼 기상 캐스터의 숫자가 더 늘어날 가능성이 높다. 게다가 일기예보의 중요성이 더 커진다면 기상 캐스터

를 정규직 아나운서 시험에 포함시켜 선발하거나 아나운서
들이 기상 캐스터에 대거 투입될 수도 있다.

07_ 현장의 감동을 그대로 전하는
꼭 필요한 사람
─리포터

리포터, 방송의 필수 요소

사건이나 사고, 취재 등의 현장에서 보고 느낀 점을 생동감 있게 전달해주는 리포터는 1980년대 방송통폐합을 계기로 생겨난 방송계의 신종 직업이다. 리포터reporter라는 단어의 뜻은 현장을 취재하는 기자를 일컫는 말인데, 우리나라 방송계에서는 '현장에 나가 현장의 그림을 생동감 있게 묘사하고 인터뷰도 하는 방송 요원'을 지칭한다.

우리가 의식하지 않아서 잘 모르고 있을 뿐이지만 사실 방송의 많은 부분이 리포터의 활동으로 메워진다. 특히 연예, 스포츠, 생활 정보 등의 분야에서 리포터가 없는 방송은 이제 생각하기 어렵다. 예를 들어 전 세계의 소식을 전하는 라디오 프로그램의 경우 통신원이라는 이름의 리포터가 없다면 방송 자체가 아예 불가능하다. 이렇게 방송의 필수 요소가 된 리포터는 어떤 사람들이 되는 것일까?

예전에는 대학을 갓 졸업한 방송인 지망생들이 소정의 훈련을 받고 리포터로 활동했다. 리포터로 선발된 사람들은 발음과 발성의 언어 교육, 현장 스케치와 인터뷰를 위한 기술 교육 등을 받고 현장에 투입되었다. 그런데 지금은 리포터 역시 하나의 전문 직종으로 자리를 잡았고 나이에 상관없이 전문가들이 각 분야에서 활동하고 있다. 방송이 처음인 사람들은 간단한 소양 교육을 받지만 개그맨이나 전문 MC처럼 방송 경험이 있는 사람들은 바로 리포터로 투입되기도 한다.

리포터에게 필요한 자질 5가지

리포터의 영역은 매우 다양해서 교양·정보 리포터, 시사 리포터, 연예·오락 리포터, 스포츠 리포터, 문화·예술 리포터, 경제·경영 리포터 등이 있다. 예를 들어 〈생방송 화제집중〉 리포터는 교양·정보 리포터이며, 〈한밤의 TV연예〉

리포터는 연예·오락 리포터라고 볼 수 있다. 이렇듯 리포터는 영역이 매우 다양하며 전문화되어 있다. 그렇다면 리포터는 어떤 자질을 갖추어야 할까?

첫째, 표현력이 뛰어나야 한다.(생생한 현장 묘사가 중요하다)

둘째, 임기응변 능력이 좋아야 한다.(돌발 상황에 대처할 줄 알아야 한다)

셋째, 순발력이 뛰어나야 한다.(현장의 상황을 놓치지 않는다)

넷째, 적극적이고 용기가 있어야 한다.(사람이나 상황에 주눅 들지 않아야 한다)

다섯째, 인내심이 있어야 한다.(1분의 인터뷰를 위해 밤을 지새울 수도 있다)

프로 정신으로 무장한 리포터들을 보면 10여 년 이상 리포터라는 한 우물만 파며 성공한 전문가들이다. 이들은 놀라운 순발력이나 임기응변 능력을 갖추었을 뿐만 아니라, 최정상의 인기 연예인들을 취재하려면 이들을 통하지 않고서는 안 된다고 할 정도의 인맥도 형성하고 있다. 연예 분야의 리포터처럼 어렵지는 않지만 교양·정보 분야나 스포츠 분야의 리포터도 결코 쉽지만은 않다. 분야에 상관없이, 리포터는 현장의 상황을 담고 사람들과 직접 인터뷰를 해야 하기 때문이다.

리포터의 역할

그렇다면 아나운서도 리포터를 하지 않을까? 전문 리포터들이 많이 있지만 경우에 따라서 아나운서들도 리포터를 해야 한다. 오지를 탐험하는 프로그램을 맡았다든지 현장에 리포터가 없다든지 하는 경우를 예로 들 수 있다. 따라서 아나운서 지망생들도 리포터 연습을 해야 한다. 상황을 설정하고 장비를 동원해 1~2분 정도 길이의 리포터 역할을 해보면 훌륭한 현장 체험이 된다. 자, 아나운서 시험 과정에서 지원자인 당신에게 리포터를 해보라는 주문이 들어왔다고 하자. 과연 어떻게 해야 할까?

첫째, 정확하게 발음한다.(말을 더듬거리지 않는다)

둘째, 구체적으로 묘사한다.(현장의 상황을 생생하게 전달한다)

셋째, 흥분하거나 과장하지 않는다.(과장하면 역효과가 날 수 있다)

이 정도만 지키면 가능성을 보여준 것이므로 테스트는 충분히 통과할 것이다. 독자 여러분들도 직접 해보면 알겠지만 리포터의 역할은 생각보다 쉽지 않다. 특히 TV 프로그램 리포터의 경우 의상과 화장 등도 신경써야 하므로 라디오 프로그램 리포터보다 더 어렵다.

아나운서 시험장에서 테스트하는 리포터의 역할은 TV 프로그램의 경우라고 할 수 있는데, 이를 떨지 않고 잘하는 비결은 역시 충분한 연습뿐이다.

08_ 청취자의 가슴속에 여운을 남기다
— 라디오 DJ

추억의 다방 DJ

이 책을 읽는 독자 여러분은 다방 DJ를 잘 모를 것이다. 지금은 커피숍이란 명칭으로 불리는 곳이 1960~1980년대에는 주로 다방이라는 이름으로 불렸다. 예전에는 이 다방의 한쪽 구석에 유리로 된 박스형 공간에서 DJ가 스스로 선곡한 노래나 신청곡을 틀어주곤 했다. 당시 다방들은 크게 두 부류로 나뉘었다. 즉 DJ가 있는 음악다방과 DJ가 없는 일반 다방으로 말이다.

지금은 하찮게 들릴지 몰라도 음악다방 DJ는 당시에 대중음악인들이 선호하는 직업 중 하나였다. 그들은 언더그라운드 음악계를 지배하던 대부였으며, 쪽지에 신청곡을 써서 건네는 손님들 중에 마음에 드는 아가씨를 만나 결혼을 하기도 했다. 그러나 그토록 낭만적이었던 다방 DJ는 다방과 함께 추억의 뒤안길로 사라져버렸다. 이제는 라디오 DJ가 그 역할을 대신하고 있다.

지금은 DJ 전성시대

DJ의 원어인 디스크자키Disk Jockey는 음반을 틀어주는 사람을 말한다. 하지만 라디오 DJ는 단순하게 음악을 틀기만 하는 사람이 아니다. 음악에 관한 지식이나 생활의 지혜 등을 전하는가 하면 초대 손님의 음악관이나 청취자들의 사연을 소개하기도 한다.

라디오 DJ의 원조는 동아방송에서 〈3시의 다이얼〉을 진행하던 최동욱 씨라고 할 수 있다. 이후로 김광한, 이종환, 황인용, 김기덕, 전영혁, 이양일 등 DJ계의 큰 별들이 나타나 청취자들을 사로잡았다. 이들에 이어 임국희, 이문세, 유열, 배철수 등이 인기 DJ의 명맥을 이었다.

요즘은 케이블 방송은 물론이고 인터넷 방송의 DJ도 나타나 가히 DJ의 전성시대라고 부를 만하다. 게다가 훌륭한 인적 자원이 많아서인지 보통 2명에서 많게는 4~5명이 한꺼번에 DJ를 보는 프로그램도 많이 생겼다. 또한 음악인뿐만 아니라 탤런트, 영화배우, 개그맨 등도 대거 DJ로 활동하고 있다. 특히 개그맨은 특유의 입담으로 프로그램에 재미를 더하기 때문에 DJ로 많이 기용된다.

사랑받는 라디오 DJ에게 필요한 자질 5가지

아나운서 역시 라디오 프로그램에서 DJ로 활동하는 경우가 많다. 아나운서가 DJ를 맡은 대표적인 프로그램은 SBS의 정지영 아나운서가 진행한 〈정지영의 스위트뮤직박스〉가 있다. 자정을 넘긴 시간에 잔잔하면서도 달콤한 목소리로 음악과 시를 낭송하거나, 청취자의 사연과 음악 정보를 전달하는 정지영 아나운서는 열혈 팬들이 있을 만큼 청취자들의 사랑을 받았다. 이런 인기 DJ가 되려면 다음과 같은 자질을 갖춰야 한다.

첫째, 방송 언어에 대한 기본을 갖춰야 한다.(표준어와 경어의 사용)

둘째, 음성에 개성이 있어야 한다.(자기만의 색깔이 있으면 좋다)

셋째, 음악인이어야 한다.(음악을 사랑하고 전문성을 나름 갖추어야 한다)

넷째, 음악과 멘트에 조화를 이루어야 한다.(음악에 토크가 가미된다는 생각해야 한다)

다섯째, 배려할 줄 알아야 한다.(사람들의 이야기를 잘 들어줄 줄 알아야 한다)

라디오 DJ에는 크게 클래식 DJ와 팝송 DJ가 있다. 팝송 DJ는 가수나 개그맨 등이 맡는 경우가 많지만 클래식 DJ의 경우 대부분 아나운서들이 맡고 있다. 사실 라디오 DJ가 프로그램의 운명을 결정한다고 할 수 있으므로 DJ를 맡게 된 아나운서는 자신의 역량을 발휘할 수 있는 기회를 잡은 것이라고 할 수 있다.

아나운서의 주요한 영역이라고 할 수 있는 라디오 DJ 역시 아나운서 시험에서 지원자에게 실연을 요구할 수 있는 역할이다. 그 순간을 위해 아나운서 지원자는 다음과 같은 준비를 해야 한다.

첫째, 음악과 친해진다.(자주 음악을 듣고 연주회에도 참석한다)

둘째, 음악 정보를 습득한다.(음악의 장르와 최신 흐름, 가수와 히트곡 등)

셋째, 연습을 반복한다.(좋아하는 DJ를 따라 해본다)

만일 라디오 DJ가 되는 것이 꿈이라면 아나운서가 아니더라도 방법이 있다. 각 방송사에서 실시하는 라디오 DJ 채용 시험에 응시하는 것이다. 또한 전성기를 맞이한 인터넷 방송사의 문을 두드리거나 아예 개인 방송 채널을 개설해 DJ가 되는 것도 좋은 방법이다. 하지만 어느 경우든지 위의 세 가지 준비는 마쳐야 할 것이다.

화려한 컬러 TV 시대에도 라디오는 살아남았다. 전문가들은 대중을 전제로 한 방송을 하는 TV에 반해 청취자와의 소통을 통해 일대일 방송이 가능한 라디오 음악 프로그램이 재미와 깊이를 더해가면서 번성할 것이라고 예측했다. 그 예측이 맞아떨어질 것이므로 독자 여러분 가운데서 대중들의 사랑을 받는 인기 DJ가 많이 나오리라 기대해본다.

Part 3.

아나운서, 제대로 알고 도전하자!

자주 언급하지만 아주 오래전부터 여대생들의 장래 희망 1순위에 당당히 이름을 올리고 있는 직업이 바로 아나운서다. 도대체 아나운서가 무엇이기에 이렇게 되고자 하는 사람들이 많을까? 잘못 알고 있는 점이나 부풀려진 점은 없을까? 아나운서, 제대로 알고 도전하자. 상대를 알고 나를 알면 백전백승! 아나운서라는 직업을 충분히 알고 있어야 합격의 고지가 보인다.

아 나 운 서 　 　 멘 토 링

01_ 아나운서야? 연예인이야?

거부할 수 없는 흐름, 아나테이너

요즘 아나운서를 둘러싼 논란 가운데 가장 많이 들리는 말이 "아나운서야? 연예인이야?" 하는 말이다. 이와 같은 논란이 불거진 이유는 최근 들어 아나운서들의 오락 프로그램 출연이 잦아졌기 때문이 아닐까 싶다. 요즘은 아나운서들이 그들의 영역이기도 한 MC는 물론, 패널이나 게스트로 방송에 출연하는 일도 다반사가 되었다. KBS의 경우 노현정, 백승주, 최송현 아나운서는 〈상상플러스〉에서, 강수정, 이정민 아나운서는 〈해피선데이〉에서, 박지윤 아나운서는 〈스타 골든벨〉에서 MC를 맡아 활약했으며, MBC의 경우 서현진, 최현정, 문지애, 손정은 아나운서가 〈지피지기〉에서 패널로 출연했었다. 그리고 서현진 아나운서는 〈일요일 일요일 밤에〉의 MC로, 문지애 아나운서는 〈도전 예의지왕〉의 MC로 활동했고, SBS의 경우 김주희 아나운서가 〈일요일이 좋다─옛날 TV〉의 진행을 맡았다.

이처럼 아나운서들의 예능 프로그램 출연이 늘면서 아나테이너라는 신조어가 생겨났다. 아나테이너는 아나운서와 엔터테이너의 결합어인데 말 그대로 표현하면 '아나운서 겸연예인'이 되는 것이다. 아나운서들이 이렇게 아나운서와연예인이라는 투잡의 기능을 하게 된 데는 두 가지 이유가있다.

하나는 아나운서들이 아나운서로서의 능력 이외에 예능적인 능력, 즉 '끼'를 가지고 있기 때문이고, 또 하나는 시청자들이 원하기 때문이다. 시청자들은 예쁜 모습으로 다소곳이 앉아서 뉴스 원고를 읽기만 하는 아나운서보다는 예능프로그램에 나와서 진솔한 모습을 보여주는 아나운서를 원한다. 방송은 시청자가 원하는 것을 쫓아 변화를 거듭해왔고, 시청자들의 호응 속에서 아나테이너는 이제 하나의 추세가 되었다.

아나테이너가 하나의 흐름임을 입증하는 것이 서현진 아나운서의 예능 프로그램 전문 MC 발탁에 대한 성경환 전 MBC 아나운서 국장의 말이다. 성 국장은 언론과의 인터뷰에서 "서현진 아나운서는 예능 MC로도 재능과 가능성이 많은 아나운서다. 아나운서국 차원에서 예능 MC로 집중 육성할 계획을 갖고 있다. 바른말을 구사하는 아나운서의 본분을 유지하면서도 시청자들에게 즐거움과 재미를 줄 수 있도록 지원하겠다"라고 밝힌 바 있다.

아나테이너 시대

성 국장의 발언은 추세를 반영한 것과 동시에 요즘 아나운서들의 능력을 고려한 것이기도 하다. 지상파 3사의 여자 아나운서들은 1,000대 1이나 2,000대 1이라는, 말 그대로 살인적인 경쟁률을 뚫고 합격한 재원들이다. 이들은 5차에 이르는 관문을 거치면서 카메라 테스트나 뉴스 리딩 테스트뿐만 아니라 다방면의 능력 테스트를 통과했다. 이는 대부분의 아나운서 지원자들이 카메라 테스트나 뉴스 리딩 능력은 기본적으로 갖춘 상태라는 것을 의미한다.

그러니 비슷한 수준의 용모나 우리말 구사 능력을 갖춘 지원자들 가운데서 적임자를 뽑으려면 외국어 능력이나 성대모사, 악기 연주나 춤 솜씨 등으로 지원자들이 가진 부가적인 능력에 대한 테스트를 거칠 수밖에 없다.

이렇게 어려운 관문을 뚫고 합격한 아나운서들은 말 그대로 최고 수준의 인재일 수밖에 없다. 그런 최고 수준의 인재들을 선발해놓고 뉴스 리딩만 하게 한다는 것은 시대에 뒤떨어진 생각이 아닐까.

이제 시청자들도 뉴스만 전달하는 아나운서가 아니라 예능 프로그램 MC나 패널, 때로는 연기자로서의 모습도 보여주는 아나운서를 원한다. 시청자들의 이런 요구에 부응하려면 방송사들은 연기 실력을 가진 아나운서들에게 그들의 '끼'를 발휘할 수 있는 자리를 마련해주어야 할 것이다. 이런 맥락에서 보면 2007년 아나운서 공채에 연기자 겸 모델인 양승은 씨를 뽑은 MBC의 행보는 파격적인 것이 아니라 당연한 것일 수 있다.

바야흐로 아나운서 겸 연예인이 활약하는 시대가 되었다. 아나운서들의 예능 프로그램이나 연기자 활동에 대해 반대하는 목소리도 있지만 아나운서들이 가진 여러 가지 재능을 살리는 방향으로 나아가는 것이 방송사와 아나운서 모두 상생하는 길이라고 본다.

하지만 아나운서는 방송에서 무엇을 하든 본바탕은 연예

인이 아니라 아나운서임을 잊지 말아야 한다. 시청자들은 아나운서라는 본분에 충실하면서도 MC로서의 진행과 연기를 잘하는 아나운서를 원하지, 연예인을 원하는 것은 아니기 때문이다.

02_ 노래면 노래, 춤이면 춤, 이제는 멀티플레이어 시대

아나운서의 능력은 어디까지?

"○○○ 아나운서가 춤 솜씨를 보여주겠답니다. 박수 부탁드립니다."

아나운서가 된 당신이 출연한 예능 프로그램에서 MC나 출연자가 이런 요청을 해왔을 때 당신은 어떻게 할 것인가? 틀림없이 당신은 멋진 춤 솜씨를 보여줄 것이다. 왜냐하면 방송의 속성상 당신이 춤을 못 춘다면 출연 섭외가 들어오지 않았거나 출연하더라도 그런 멘트가 나오지 않았을 테니 말이다. 프로그램에 출연해 요청 멘트를 듣는 당신은 이미 춤을 잘 출 줄 아는 아나운서다.

생각해보라. 지성과 감성을 겸비한 1,000명이나 1,500명 가운데서 유일하게 뽑힌 당신은 이미 노래나 춤 정도는 기본적으로 마스터하고 있지 않겠는가. 아나테이너 시대의 아나운서들에게 노래와 춤은 마땅히 갖춰야 할 기본적인 소양에 속한다고 볼 수 있다. 특히 경쟁률이 높은 여자 아나운서들은 노래와 춤에 더해 악기 한두 개 정도는 잘 다룬다든가, 외국어 한두 개 정도는 유창하게 구사한다든가, 음악이나 미술, 나아가 경제나 법률 등에 해박한 지식을 갖고 있어야 할 것이다. 여기에 연기까지 잘하는 아나운서가 있다면 말 그대로 금상첨화가 아닐 수 없다.

연기에 관해서 아나운서의 능력을 보여주는 좋은 예가 있다. 1997년 MBC 공채 아나운서로 입사한 후 청주MBC 아나운서와 뉴스데스크 기상 캐스터로 8년 동안 일하다가 2004년에 연기자로 변신한 김혜은 전 아나운서의 경우 〈아현동 마님〉을 통해 정식 연기자로 데뷔했고, 1987년 KBS 공채 아나운서로 입사해 1997년부터 프리랜서로 활동해온 오영실 아나운서는 뮤지컬 〈넌센스 넛크래커〉에서 원장 수녀 역할을 맡아 노래와 춤, 연기 실력이 모두 필요한 뮤지컬 배우로 데뷔했다. 이런 사례는 모두 숨겨진 재능들이 빛을 보는 경우다.

물론 현직 아나운서들도 연기 실력을 드러낼 기회는 얼마든지 있다. 2004년 KBS 공채 아나운서로 입사해 〈KBS 투데이 스포츠〉, 〈생방송 세상의 아침〉, 〈가족오락관〉 등을 진행해온 이선영 아나운서는 KBS 1TV 역사 프로그램 〈한국사전〉에서 주인공인 혜경궁 홍씨로 변해 연기력을 선보였다. 이는 2007년 7월에도 소현세자빈 강씨를 연기한 데 이어 두 번째 연기 도전이었다. 또한 문지애 아나운서가 〈몰래카메라〉의 마지막 회에서 문동환의 여자 친구 역으로 출연했고, 오상진 아나운서가 〈일요일 일요일 밤에〉의 '검색대왕' 코너에서 영화 〈왕의 남자〉를 패러디하던 중 칠득이로 출연해 연기 실력을 뽐냈다. 내가 아나운서로 활동할 당시에는 상상도 못할 사건(?)들이 시청자들의 열렬한 박수를 받으며 벌어지고 있는 것을 보면, 프리랜서가 아닌 현직 아나운서가 동시에 전문 연기자로 활동하는 것은 어려워도 예능 프로그램들의 코너에 나와서 연기를 선보이는 경우는 앞으로 빈번해지지 않을까 싶다.

진정한 멀티플레이어

아나테이너 시대의 아나운서들은 자신이 가진 재능, 즉

'끼'를 발산할 수 있는 기회를 많이 갖게 될 것이다. 드라마 연기자 분야는 워낙 특수한 분야라서 제외되겠지만 예능 프로그램의 전문 MC나 패널 분야는 아나운서들에게 오히려 권장될 수도 있다. 이는 어쩌면 한 사람이 여러 가지 역할을 해야 하는 멀티플레이어 시대에 아나운서가 맡아야 할 당연한 직분이 아닐까 한다. 하지만 역으로 생각하면 이런 현상은 아나운서 지망생들에게 더 많은 준비를 요구한다. 카메라 테스트에 통과할 수 있는 용모와 뉴스 리딩 실력을 갖추는 것은 물론, 아나운서가 되었을 때 시청자들에게 선보일 수 있는 특기도 최소한 한두 개는 익혀두어야 하기 때문이다.

축구에서 관중들이 멀티플레이어에 열광하듯, 방송에서 멀티플레이어가 등장한 것은 시청자의 요구와 아나운서의 재능이 결합해 나타난 자연스러운 현상이다. 그렇다고 아나운서 본래의 사명인 뉴스 전달을 소홀히 해서는 안 된다. 아나운서는 어디까지나 훌륭한 아나운서로서 다른 일도 똑부러지게 잘 해낼 때 가장 빛날 수 있으니까 말이다. 시청자들은 아나운서의 기본은 지키면서 시대 흐름에 잘 적응해가는 아나테이너의 역할을 기대하고 있다는 걸 명심해야 할 것이다.

03_ 끝이 없는 배움의 길,
공부하는 아나운서가 늘고 있다

아나운서 생활을 지탱해준 학구열

앞서 말한 아나테이너 아나운서, 멀티플레이어 아나운서, 스타 아나운서들의 격랑 속에서 떠오르는 또 다른 현상이 바로 공부하는 아나운서가 늘고 있다는 것이다. 각 대학의 대학원 석사과정이나 박사과정에 등록해 다시 면학의 길에 들어서는 아나운서의 숫자가 놀라울 정도로 늘고 있다. 아나운서 출신인 내 개인의 입장에서도 반가운 일이며 선진화되는 사회의 입장에서도 바람직한 현상이라고 할 수 있다.

내가 경험해본 바, 아나운서라는 직업은 평생 동안 공부해야 한다. 내 경우, 다양한 사람들과의 인터뷰를 준비하느라 많은 시간을 들이곤 했다. 예를 들면 출연자의 기본 정보는 물론이고 그들의 저서나 작품, 공연이나 연주회, 박물관이나 미술관, 지방이나 국가, 역사나 전설에 대한 정보를 알기 위해 방송사 자료실과 대학 도서관을 뒤지고 다녔다. 또한 각종 전시회나 연극·영화 관람, 독서나 여행 등에 많은 시간을 들였다.

이처럼 반시간이나 1시간짜리 프로그램을 성공적으로 진행하기 위해서는 몇 배의 시간을 들여야 한다. 이는 마치 백조가 한가하게 유영하는 것 같아도 물밑에서는 열심히 헤엄치는 것과 같다고 할 수 있다. 그렇게 바쁘게 살면서도 아나운서 생활 28년 중, 10년을 주기로 모교에서 석사과정과 박사과정을 마치기도 했다. 나의 방송 생활을 그나마 유지해주는 충전재 역할을 만학이 충분히 해주었다고 본다. 나의 만학은 학위보다는 방송 생활을 잘 해나가는 데 큰 도움을 주었다.

아나운서는 척척박사

요즘 아나운서들은 대부분 뉴스 프로그램에서 오락 프로

그램까지 다양한 프로그램을 진행한다. 그때그때 그 방면에 필요한 지식과 기술을 습득해야 하고 프로그램별로 만나는 다양한 사람들과 그들의 전문 분야에 대한 정보를 알고 있어야 한다. 어쩌면 날마다 새로운 세계를 만난다고도 할 수 있으니, 안주하는 태도로 생활하는 아나운서는 적응해나가기 쉽지 않을 것이다. 게다가 이제는 사회 일반의 학력 수준이 높아져서 시청자가 아나운서들에게 기대하는 수준도 따라서 높아지고 있다. 여기에 아나운서 자신의 지적 호기심까지 더해져 공부하는 아나운서들이 늘어나고 있는 것이다.

아나운서들이 진학하는 분야는 대부분 학부 시절의 전공 분야 혹은 언론과 관련된 분야로 나뉜다. 이미 많은 이들이 현업에 종사하고 있으니 언론 관련 분야를 공부하는 것도 좋을 테고, 또 언어나 문학, 사학, 철학, 심리학, 미학, 연극영화학 등을 공부한 아나운서는 해당 전공의 대학원에서 석·박사 공부를 하는 것도 의미 있는 일이다. 석사나 박사 과정을 공부하다 보면 학부 시절에는 미처 배우지 못했던 것들을 알 수 있을 뿐만 아니라 사물을 바라보는 시각이 넓고 깊어지기 때문이다.

대학원에 진학하는 후배들에게 기왕 공부하는 김에 복수로 석·박사 학위도 따기를 바란다면 나의 욕심일까? 만일 내가 서로 다른 분야의 석사 학위를 열 개 정도 보유했다면 내가 진행했던 프로그램들을 더 알차게 만들지 않았을까 하는 생각을 자주 한다. 아마 내 프로그램들의 시청자나 청취자들 가운데는 분명히 해당 분야의 전문가들도 끼어 있어서 "저 아나운서는 정말 뭘 모르는군!"이라고 탄식했을지도 모른다. 그런 생각을 하면 쥐구멍이라도 찾고 싶은 심정이다.

노력하는 아나운서

입사해서 5~10년 동안 방송을 위해 말 그대로 청춘을 불사르고 나면 에너지가 떨어질 뿐만 아니라 일종의 권태기가 찾아온다. 이때 자신을 개발하지 못하면 매너리즘에 빠지게 되어, 맡고 있는 프로그램의 질을 떨어뜨리게 될 확률이 높다. 따라서 적절한 시기에 대학원에 진학하는 것은 본인은 물론이고 방송사와 시청자(청취자) 모두를 위해서 좋은 일이다. 재충전을 하지 못하면 아무리 유명한 아나운서였다고 하더라도 도태될 수밖에 없다. 더구나 다방면의 실력을 두루 갖춘 후배들이 갈수록 들어오는 마당에 자신의 절차탁마切磋琢磨를 게을리한다면 제대로 선배 대접을 받을 수도 없을 것이다.

물론 석사, 박사가 아닌 다른 방법으로도 재충전을 할 수 있다. 좋은 책이 산더미처럼 쌓인 요즘은 다양한 책 속에서 스승을 만나는 방법도 있다. 세계 여행을 하면서 여행 서적을 쓰겠다며 당당히 사표를 던진 손미나 아나운서의 방법론도 멋지고, 육아와 가정 살림을 통해 새로운 인생을 찾아나선 다른 아나운서의 선택도 멋지다. 또 하고 싶은 사업을 진행하면서 인생 설계를 다시 하는 재충전의 기회를 갖는 것도 훌륭하다고 본다.

아나운서로서 자신의 발전을 위해, 시청자들에게 좀 더 좋은 방송을 전해주기 위해 어떤 방법으로든 노력하고 공부하는 자세를 가지는 것은 매우 바람직한 현상이다. 늘 한 발 앞서가야 퇴보하지 않는 아나운서가 될 수 있다. 그런 의미에서 박사 아나운서가 늘고 있다는 소식은 우리 모두에게 반가운 이야기다. 박사 아나운서의 원조인 전영우 박사를 비롯해 오미영 박사(전 KBS 아나운서), 김은성 박사(현 KBS 아나운서), 이현경 박사(현 SBS 아나운서) 등 공부하는 아나운서가 줄을 잇는 현상은 참으로 바람직한 일이다. 물론 학위가 중요한 것은 아니다. 안주하지 않고 노력하는 아나운서의 모습은 아름답다.

04_ 이제는 자유! 프리 선언 열풍

프리 선언을 하는 이유

방송사에 소속되어 있지 않고 계약을 통해 활동하는 '프리랜서 아나운서'는 이제 낯선 말이 아니다. 나의 경우 1980년 MBC 라디오국에서 나는 프리랜서 아나운서로 첫 발을 내디뎠다. 당시에 임국희 아나운서가 프리랜서로 잘나가고 있었지만, 프리 선언을 한 아나운서가 드물던 시대였다.

그로부터 30여 년의 세월이 지난 지금은 프리랜서 아나운서의 숫자도 그만큼 늘어났다. 시청자들에게 잘 알려진

손범수, 이금희, 정은아, 강수정, 김병찬, 김성주, 신영일, 전현무 아나운서 등이 프리랜서로 활동 중이며, 다른 많은 아나운서들이 프리랜서 선언을 꿈꾸고 있다.

왜 아나운서들은 프리랜서를 꿈꾸는 것일까? 지상파 3사의 아나운서는 분명 선망의 대상이다. 시청자들이 보기에 명예는 물론이고 일정한 지위와 안정적인 수입이 보장되며 무엇보다 능력을 발휘할 수 있는 위치다. 그렇다면 이와 같은 인기 아나운서들이 프리 선언을 하는 이유는 무엇인가.

예능, 교양, 음악 프로그램 등 뉴스 프로그램 이외의 프로그램에서 MC를 맡거나 패널 등으로 고정 출연을 해야 하는 아나운서들은 새벽부터 한밤중까지 눈코 뜰 새가 없다. 이는 그들이 예능, 교양, 음악 프로그램 등의 일정에 맞추어 주어진 역할을 소화하면서도 아나운서의 기본적인 책무인 뉴스 진행도 해야 하기 때문이다.

인기 아나운서는 상당히 많은 일을 하지만 그에 대한 보상은 '유명세'뿐이라고 봐야 한다. 출연료라고 해봐야 회당 몇 만 원에 불과한데 여러 프로그램을 진행하는 데 필요한 부대 경비로는 턱없이 부족하다. 결국 뉴스 한두 개만 진행하는 아나운서들과 비교하면 일은 몇 배나 하면서 실소득은 적은 것이 인기 아나운서의 현실이다.

특히 출연료 면에서 함께 출연한 연예인 MC와 비교하면 터무니없이 적다. 회사의 방침이 있어 그들처럼 광고를 찍을 수도 없다. 또 빡빡한 스케줄 관리 등을 혼자서 해야 하는 것도 적지 않은 부담이다. 대신 유명세를 얻지 않느냐고 할 수도 있지만, 그들도 사람인지라 남들보다 많은 일을 하고도 적은 보수에 부담까지 지는 시스템에 계속 만족할 수는 없다. 게다가 자신의 적성과 맞지 않는 역할이 주어지더라도 방송사의 방침에 따라야 하고, 동료 아나운서들에게 견제를 당하지 않으려면 눈치도 봐야 한다.

인기 아나운서가 되면 외부에서 여러 유혹이 들어오기 시작한다. 광고나 영화를 찍자는 제의나 거액을 제시하는 연예 기획사들의 계약 제안 등이다. 업무 외의 부담에서 벗어나 자신의 능력을 마음껏 발휘하고 싶은 젊은 아나운서들에게 솔깃한 유혹이 아닐 수 없다. 자의든 타의든 프리랜서를 선언하는 인기 아나운서들은 이 유혹에 빠진 것이라 해도 틀린 말은 아니다.

모든 자유에 따르는 책임

자유! 일단 프리랜서를 선언하면 소속에서 오는 구속으로부터 벗어나 자유가 된다. 하지만 자유에는 그만큼 책임도 따른다. 방송사 소속 아나운서 때는 실수하는 점이 있어도 방송사에서 일정 부분 책임을 분담하지만 프리랜서가 되면 본인이 모든 잘못에 책임을 져야 한다. 프리 선언을 하고 떠난 아나운서들을 자사의 방송 프로그램에 일정 기간 동안 출연하지 못하게 하는 방송사들의 방침 역시 프리랜서 아나운서가 감당해야 할 몫이다.

방송사의 입장에서 생각하면 정성을 쏟아 키워놓으니 인기를 무기 삼아 고액의 계약금과 출연료를 쫓아가는 아나운서들이 얄미워 보일 수 있다. 하지만 프리 선언을 한 아나운서들이 모두 인기 절정의 상태에서 그런 선택을 하는 것은 아니다. 명예나 금전보다는 자신이 가진 능력을 보다 잘 발휘할 수 있는 길을 찾아 프리랜서를 선택하는 아나운서들도 있다.

지상파의 외주 프로그램이나 케이블 방송의 프로그램 제작에 관여하면서 MC를 결정할 수 있는 힘이 있는 연예 기획사에 자사가 키운 인재들을 더 이상 빼앗기지 않으려면, 방송사들도 프리 선언을 하는 아나운서들을 비난하거나 출연 정지 등으로 제재를 가하는 것을 재고해야 할 것이다. 오히려 뉴스 진행 말고도 2개 이상의 프로그램을 맡아 상대적으로 많은 일을 하는 아나운서들을 위해 합리적인 시스템을 마련하는 등 서로 상생할 수 있는 조치를 취해야 하지 않을까 싶다. 그렇지 않으면 인기 아나운서들의 프리 선언 열풍은 거세질 수밖에 없을 것이다.

프리랜서를 선언한 아나운서가 모두 성공하는 것은 아니다. 연예 기획사와 계약한 아나운서들은 자신만을 위한 보조 인력을 지원받게 되어 여유를 갖지만, 그렇지 못한 아나운서들은 여전히 모든 것을 스스로 관리해야 한다. 연예 기획사 소속 아나운서도 나름대로 사정이 있다. 대부분 고액의 계약금을 받고 계약을 한 만큼 자기 관리에 더욱 철저해야 하고 더 나은 능력을 선보이기 위해 방송사 소속 아나운서였을 때보다 갑절의 노력을 해야 하기 때문이다.

프리랜서 아나운서의 길은 이처럼 어렵지만 그만한 보람도 있는 일이다. 동기야 무엇이든 프리랜서를 선언한 모든 아나운서들이 능력과 재능을 발휘하며 방송가에서 인정받고 시청자의 사랑을 듬뿍 받는 위치에 오래도록 서길 바란다.

05_ 아나운서의 전문화, 세분화 바람

무엇이든 잘해요

MBC 서현진 아나운서의 경우처럼 예능 전문 아나운서의 등장은 아나운서의 영역 확대를 뜻하면서 동시에 전문화를 의미하기도 한다. 다시 말해 아나운서 영역의 세분화와 전문화가 동시에 진행된다는 것이다.

방송에서 아나운서가 관여하는 분야는 참으로 다양하다. 여러 분야 가운데 가장 먼저 손꼽을 수 있는 분야는 역시 뉴스 진행이다. 아나운서의 고유 영역인 뉴스 진행은 모든 아나운서의 전문 분야라고 할 수 있다. 뉴스 진행을 하지 못하면 아예 아나운서로 선발되지 않기 때문이다.

두 번째로 꼽을 수 있는 분야는 시사·교양 프로그램이다. 시사·교양 프로그램도 여러 분야로 나뉘는데 각종 시사 프로그램, 인터뷰 프로그램, 교육 프로그램, 생활 정보 전달 프로그램, 음악 프로그램, 다큐멘터리 프로그램 등이 있다. 이런 프로그램에서 아나운서들은 진행자나 내레이터로 활약한다.

세 번째로 꼽을 수 있는 분야는 예능 프로그램이다. 예능 프로그램이란 주로 연예인들이 출연하는 각종 오락 프로그램이나 대중음악 프로그램을 말한다. 이런 프로그램들에서 아나운서는 주로 진행을 맡지만 패널이나 게스트 등으로 점차 활동 범위를 넓혀가고 있다.

네 번째로 꼽을 수 있는 분야는 스포츠 프로그램이다. 스포츠 프로그램은 주로 각종 대회를 중계하는 프로그램을 말한다. 이런 프로그램에서 아나운서는 중계와 진행을 동시에 담당하는 스포츠 캐스터로 활약한다.

다섯 번째로 꼽을 수 있는 분야는 라디오의 음악 프로그램이다. 아나운서는 DJ를 맡아 음악에 관한 해설과 진행을 맡거나 해설은 음악인들에게 맡기고 진행만 하기도 한다.

여섯 번째로 꼽을 수 있는 분야는 기상 프로그램이다. 아나운서는 TV 메인 뉴스 프로그램의 말미에 나와서 기상 캐스터로서 날씨를 소개한다.

일곱 번째로 꼽을 수 있는 분야는 리포터다. 드라마나 영화를 제외한 모든 프로그램에 대부분 리포터가 있다. 예를 들어 뉴스에서 기자들이 소식을 전하는 것도 리포터에 속한다. 아나운서는 뉴스와 같은 프로그램을 제외한 모든 프로그램에서 리포터를 할 수 있다.

아나운서로 선발되면 위와 같은 여러 분야에 투입되어 테스트를 받게 되고, 그 과정에서 아나운서들은 자신의 적성에 맞는 분야를 찾는다. 그런 다음 적성에 맞는 프로그램을 진행하면서 그 분야의 전문가가 되는 것이 일반적인 경우다. 서현진 아나운서가 예능 전문 아나운서로 발탁될 때도 이런 과정을 거쳤다.

요즘은 아예 연예·오락 프로그램을 진행할 아나운서로 끼와 재능이 있는 인물을 선발하기도 한다. 이는 처음부터 예능에 적성을 가진 사람을 뽑아 그 분야의 프로그램에만 투입시키겠다는 것으로, 다분히 전문성을 고려한 결정이다. 앞으로 분야별 전문성을 고려하는 경향이 강화되면 아나운서를 선발할 때 응시 분야가 뉴스 진행, 예능, 시사, 교양, 음악, 스포츠 등으로 나누어질 수도 있다. 이렇게 되면 각각의 분야별로 전문 아나운서가 활동하는 전문화 바람이 불 것이다.

아나운서 전문화 시대

사실 아나운서의 전문화는 지금의 시스템에서도 가능하다. 아나운서마다 적성에 맞는 하나의 프로그램을 맡아 꾸준하면 되기 때문이다. 순환 근무를 통한 형평성 보장을 지킬 수 없는 약점이 있지만 어차피 인기 있는 아나운서가 3~4개의 프로그램을 맡아 진행하는 것이 현실이므로 아나운서들이 한 개의 프로그램을 전문적으로 맡는 것도 하나의 방법일 수 있다.

게다가 아나운서의 전문화는 다른 전문가들과의 경쟁을 위해서 필요한 조치이기도 하다. 예를 들어 뉴스 앵커와 시사 프로그램 진행자는 대부분 기자들이 맡고 있으며 PD나 대학교수들이 진행하는 경우도 있다. 교양 프로그램은 각 방면의 전문가들이, 예능 프로그램은 개그맨들이, 음악 프로그램은 가수들이 진행하는 경우가 많다. 또 기상 프로그램은 별도로 선발된 기상 캐스터가, 리포터 활동은 각 분야에서 수많은 전문 리포터들이 맡고 있다. 스포츠 프로그램은 진행자로 아나운서가 독보적인 지위를 누려왔지만 라디오의 스포츠 프로그램을 중심으로 전문 진행자가 도입되고 있다.

냉정하게 말하면 경쟁자가 없는 유일한 분야는―앵커를 제외한―뉴스 진행뿐이다. 따라서 아나운서들은 어느 프로그램을 맡으려면 그 프로그램에 대한 전문가가 되어야만 한다.

아나운서의 전문화는 각 방송사 아나운서국에서 이미 실시하고 있다. 입사와 함께 기본기 연수 교육 프로그램 과정이 끝나면 자신의 적성에 따라 뉴스 앵커, 시사·교양, 연예·오락, DJ, 스포츠 분야로 나눠서 전문화 교육을 받게 된다. 선배 아나운서들이나 전문가가 본 적성과 능력에 따라 분야를 확정해 정해진 분야만 파고드는 전문 교육을 받게 되는 것이다.

이는 각 방송사가 요즘 들어오는 아나운서 자원자들이 워낙 수준이 높기 때문에 현재 진행되는 세분화, 전문화에도 잘 적응할 수 있다고 판단하기 때문이다.

게다가 자신의 적성과 맞는 프로그램을 맡아 진행한다는 것은 아나운서의 입장에서는 매우 신나는 일이다. 이래저래 아나운서의 전문화는 대세가 될 것 같다. 뉴스면 뉴스, 교양이면 교양 등 한 가지 프로그램을 맡아 제대로 진행할 자신이 있는 독자들은 아나운서에 즉시 도전하시라! 당신에게 행운이 따를 가능성이 높은 시대가 다가오고 있다.

06_ 화려한 직업? NO!
노력하는 직업? YES!

남모를 아나운서의 고충

아나운서가 '여대생 선호 직업 1위'에 손꼽히고 있음을 증명하듯이 해마다 많은 여대생들이 아나운서가 되기 위해 나를 찾아온다. 이들에게 "왜 아나운서가 되려고 하느냐?"고 질문을 던지면 "성취감이 높은 직업이라서", "멋진 직업이라는 생각이 들어서", "대우가 좋아서", "남들이 인정해줘서", "즐겁게 일할 수 있을 것 같아서", "지루하지 않을 것 같아서", "남자들이 선호하는 신붓감 1순위라서" 등의 다양한 대답이 돌아온다. 여자 아나운서에 대한 세상 사람들의 평가나 대우를 고려하면 이들의 답변은 모두 정답이다.

그렇다! 여자 아나운서는 기본적으로 높은 보수가 보장되어 있으면서, 늘 새로운 사람들과의 만남을 통해 즐겁게 일할 수 있는, 성취감이 높은 멋진 직업이다. 게다가 연예인 못지않게 화려하면서 그들보다 사회의 인식도 좋은 편이니 여대생들이 좋아할 만한 조건들을 고루 갖추고 있다.

그러나 여러분이 모르는 이면도 있다. 아나운서 지망생들은 아나운서가 얼마나 노력해야 하는 직업인지에 대해선 생각하지 못하는 것 같다. 겉으로 드러나는 것만 볼 수 있는 지망생들은, 정작 아나운서가 되면 얼마나 많은 고뇌와 갈등이 뒤따를지 전혀 예상하지 못한다. 1,000명에서 2,000명의 지원자들 가운데 1~2명에 선발된 후 느꼈던 감격과 희열은 아나운서 연수를 끝내고부터 서서히 고민과 갈등으로 바뀐다고 보면 된다. 경쟁이 없는 조직은 없겠지만 지상파 방송사의 여자 아나운서가 되고 난 뒤의 경쟁은 그 강도가 몇 배 강하다고 할 수 있다.

우선은 입사 동기들과의 경쟁이 기다리고 있다. 아나운서가 되었다고 해서 무조건 프로그램을 맡는 것은 아니다. 보조 진행자로 투입되거나 파일럿(연습) 프로그램을 진행하는 등의 과정을 통과해야만 자기만의 프로그램을 진행할 수 있다. 이 과정에서 인정을 받지 못하면 프라임 타임대가 아닌 시간별 뉴스 프로그램에서 짧은 원고를 읽거나 비중이 낮은 프로그램의 진행을 맡아야 한다. 만일 이것조차 되지 않는다고 판단되면 아나운서실 자리를 지키는 수모를 당해야 한다. 입사 동기들은 주요 뉴스 앵커니 대형 프로그램 진행자니 하면서 눈코 뜰 새 없이 바쁜데, 자신은 5분이나 10분짜리 뉴스 프로그램 하나를 진행하고 하루 종일 아나운서실을 지키고 있자면 "차라리 아나운서 시험에 합격하지 말 걸 그랬다"는 후회를 누구나 하게 되며 나아가 전직까지도 고려하게 된다.

다음은 외부 진행자들과의 경쟁이다. 외부 진행자들은 프리랜서 아나운서나 교수, 시사 평론가 등 전문직 종사자들로서 진행자로 초빙되어 온 사람들이다. 또 얼마 전까지만 해도 한솥밥을 먹던 동료 아나운서가 프리랜서가 되어 인기 프로그램의 진행자 자리를 두고 다투어야 하는 경쟁자가 될 수도 있다. 더구나 프리랜서 아나운서들은 대중의 높은 선호를 받기 때문에 방송사에 소속되어 있는 아나운서가 더 불리하다. 이런 사정을 감안해서인지 모 방송사의 경우는 회사의 방침으로 프리랜서 아나운서를 기용하지 않겠다고 한 적도 있다.

프리랜서 아나운서들의 경우에 비할 바는 아니지만 전문직 종사자들과의 경쟁 역시 만만치 않다. 더구나 남자 전문직 종사자들과 더블 캐스팅으로 진행을 맡게 된 여자 아나운서들의 경우, 해당 분야에 대한 전문성이 떨어져 보일까봐 여간 신경 쓰는 게 아니다. 남자 진행자는 해당 분야의 전문가이므로 그 분야에 대해서는 당연히 여자 아나운서보다 나을 수밖에 없는데도 시청자나 청취자들은 여자 아나운서에게도 같은 수준의 전문성을 요구하니까 말이다.

마지막으로는 자신과의 경쟁이다. 실수도 너그럽게 받아들여지는 초년생 시절은 눈 깜짝할 사이에 지나가버리고 비정하다고 할 정도의 프로 세계에 던져지는 것이 아나운서라는 직업이다. 조금이라도 대중의 지명도를 얻어 그들로부터 사랑을 받기 시작하면 그때부터 그것을 유지하기 위해 남다른 노력을 기울여야 한다. 게다가 2개 이상의 인기 프로그램을 맡게 되면 시간을 쪼개서 사용해야 될 정도로 바빠질 뿐만 아니라 동료 아나운서들과의 관계에 마찰이 생기기 시작하므로 자신에게 엄격하지 않으면 현상 유지조차 하기 어렵다.

어디 그뿐인가. 60분짜리 프로그램을 위해 뜨거운 조명 아래서 7~8시간 동안 서서 견뎌야 하는 일이 허다하고 함께 일하는 스태프나 출연자들에 대한 배려도 잊지 말아야 하니 말 그대로 초인적인 힘을 발휘해야 한다. 특히 인기 있는 여자 아나운서의 경우 방심이나 나태로 인해 자신과의 경쟁에서 지는 순간 곧바로 바닥으로 추락하기 때문에 이 마지막 경쟁이야말로 정말 중요한 것이다.

노력하는 아나운서가 살아남는다

내가 아나운서로 입사한 동아방송은 수습 기간이 1년이었다. 긴 수습 기간을 무사히 마치고 프로그램을 배정받게 되었다. 내 동기는 소위 말하는 '뜨는' 프로그램을 맡게 되었고 나는 그보다 덜 인기 있는 프로그램을 맡게 되었다. 나는 내가 더 낫다고 생각했는데 결과는 그러지 못했다. 그날부터 입맛이 없고 잠을 못 자기 시작한 것은 물론이고 아예 회사에도 나가기 싫었다. 그런데 한 선배가 그 낌새를 눈치채고는 나를 불러내 이런 이야기를 들려주었다.

"지금은 과정일 뿐이니 길게 내다보고 노력하는 게 어떨까? 지금 시작인데 마치 최종 결론인 것으로 생각한다면 남아 있는 방송 생활 20년이나 30년을 여기서 접는 거나 같아. 네 콘텐츠를 멋지게 가득 채울 준비를 지금부터 하면 되는 거야. 길게 봐!"

선배의 멋진 충고에 우울함을 날려버린 나는 그때부터 나만의 콘텐츠 만들기 작전을 시작했다. 책 많이 읽기, 문화·예술 현장 많이 찾기, 마음공부하기 등. 이런 노력은 쉬지 않고 차곡차곡 진행되었고 그 결과 '아나운서 이선미'가 있을 수 있었다.

지금처럼 입사 경쟁이 심하고 선후배 역시 서로를 경쟁 상대로 인식하는 상황에서는 노력하는 아나운서가 되지 않으면 살아남기 힘들다. 특히 시청자나 청취자의 눈 밖에 나지 않기 위해서는 자기 관리를 철저히 해야 한다. 방송 중에 실수를 한 외부 진행자는 너그럽게 용서해주면서도 같은 실수를 한 아나운서는 가차 없이 응징하는 게 시청자나 청취자다. 어떻게 생각하면 사소한 것이라고 볼 수 있는 말실수나 표정 등으로 인해 프로그램에서 아나운서들이 중도 하차하는 것을 보면 알 수 있다. 따라서 어떤 프로그램을 진행하든지 아나운서들은 시청자나 청취자들이 외면하지 않는 진행자가 되기 위해 다른 방송인들이 하는 노력의 갑절 이상으로 해야 하는 것이다.

07_ 사람이 좋아야 방송도 좋다

알고 보면 좋은 사람

지금은 고인이 된 미국의 영화배우 잭 팰런스Jack Palance
는 서부극 등에서 주로 무식한 악당으로 출연한 까닭에 평
생 동안 미국인들에게 그의 이미지는 '나쁜 인간'으로 남았
다. 하지만 현실의 그는 스탠퍼드대학교를 졸업하고 그림을
그리거나 시와 소설을 읽으며 여가를 즐기는 온화한 성격
의 지성인이었다.

그는 픽션의 세계인 영화 속에서 자기에게 주어진 역할을
충실히 소화했다. 그의 훌륭한 연기 덕분에 주연들은 더욱

빛났고 영화의 생동감은 더 커졌다. 악역을 맡은 연기자가 악인 같을수록 드라마나 영화의 질은 높아진다. 우리나라의 배우들도 잭 팰런스처럼 악역을 너무 잘 소화해내는 바람에 현실에서도 나쁜 인간으로 낙인 찍혀 미움을 사게 되는 경우가 많다고 한다.

한편 매우 드물긴 하지만 반대의 경우도 있다. 어떤 연기자는 드라마나 영화에서 친절한 사람으로 나오지만 실제는 주변 사람들을 불편하게 만들고 심지어 피해를 주기까지 한다. 현실이 그럼에도 그들은 좋은 사람이란 이미지로 좋은 방송이나 좋은 영화를 만들고 있다. 그렇다면 아나운서의 경우는 어떨까?

나쁜 아나운서, 좋은 아나운서

아나운서는 악역을 맡은 연기자가 아니므로 시청자나 청취자에게 악인으로 비쳐질 가능성은 거의 없다. 뉴스나 인터뷰, 교양 및 오락 프로그램의 진행자는 호불호의 영역을 벗어난 것이라고 할 수 있다. 하지만 시청자나 청취자들은 아나운서들을 좋은 사람과 나쁜 사람으로 구별하며 더 나아가 해당 아나운서들이 진행하는 프로그램마저 좋은 프로그램과 나쁜 프로그램으로 구별한다. 특히 수많은 사람들이 시위할 정도로 민감한 사안에 대해서는 약간의 말실수로 인해 졸지에 나쁜 인간으로 지목되고, 아나운서는 해당 프로그램의 진행자 자리에서 물러나기까지 한다.

좋은 아나운서와 나쁜 아나운서를 구별하는 시청자나 청취자들이 잘못된 것일까? 당연히 아니다. 방송이라는 상품의 고객인 시청자나 청취자는 TV 화면이나 라디오의 음성을 통해서 좋은 아나운서와 나쁜 아나운서를 구별한다. 그들에게는 좋은 아나운서가 진행하는 좋은 방송을 해달라고 방송사에 요구할 권리가 있다. 요즘 들어 우리나라는 개인의 권리가 중시되는 추세이므로 이런 경향은 앞으로 더욱 뚜렷해질 것이다. 그런데 '좋은 아나운서'라는 개념이 과연 현실성이 있는 것일까?

몇 년 전의 일이다. 시험 운이 있었는지 어느 여성 지원자는 그 힘든 공채를 통과해 아나운서가 되었다. 입사 후 그녀는 어느 프로그램을 통해 카메라 앞에 서게 되었는데, 오래지 않아 그녀의 예쁘지 않은 심성이 드러나고 말았다. 같이 일하는 스태프들도, 방송을 진행하는 공동 MC도 그녀와 함께 일하고 싶어 하지 않았다. 시청자로부터 부정적인 반응도 계속되었다. 그녀는 몇 회 만에 해당 프로그램에서 중도 하차하고 말았다.

카메라는 정직하다. 자기도 모르는 사이에 자신의 심성을 들키고 만다. 아나운서의 심성은 표정이나 말투 등을 통해 나타나며 카메라는 물론이고 시청자나 청취자도 이를 놓치지 않는다. 아무리 얼굴 표정과 말투를 꾸며내 자신의 속마음을 감추려 해도 모든 사람을 계속해서 속일 수는 없다. 이런 경우 아나운서는 교체하면 되겠지만, 문제는 해당 프로그램이 피해를 본다는 것이다. 시청률이나 청취율이 떨어지고, 심할 경우 프로그램 자체가 폐지되기도 한다. 수많은 사람들이 공을 들여 만든 프로그램이 아나운서의 좋지 않은 심성으로 인해 피해를 보는 것은 방송사는 물론이고 아나운서 본인을 위해서도 좋지 않다.

이른바 '장수 프로그램'은 진행자나 출연자가 자신을 돌보지 않고 좋은 방송을 만들기 위해 혼신의 힘을 다한다. 대표적인 인물은 오락 프로그램을 진행하는 강호동과 유재석이다. 두 사람은 자신들이 망가지는 것을 전혀 개의치 않는다. 그 결과 해당 프로그램도 살고 그들도 더욱 빛이 난다. 물론 아나운서는 시청자에게 웃음을 주는 데 특화된 그들과는 입장이 다르다. 하지만 아나운서 역시 자신이 맡은 프로그램이 시청자나 청취자로부터 좋은 평가를 받아 오래 지속할 수 있도록 노력해야 한다. 진행자인 아나운서가 출연자들보다 더 돋보이려 하는 마음가짐으로는 결코 좋은 방송을 만들 수 없다.

갈수록 TV 화면의 크기는 커지고 화질도 좋아지고 있다. 이는 시청자가 보다 쉽게 아나운서들의 표정을 통해 그들의 심성을 읽을 수 있게 되었다는 것을 의미한다. 짙은 화장이나 성형으로 가릴 수 있는 것도 한계가 있다. 자신의 것만 챙기고, 서로 나눌 줄 모르고 상대를 배려할 줄 모르는 이기주의자가 어찌 좋은 방송을 할 수 있겠는가.

가장 좋은 것은 평소 자신의 마음가짐을 좋게 가지는 것이다. 언제나 시청자나 청취자, 출연자들과 다른 제작진을 배려할 줄 아는 마음을 가진 아나운서는 그의 표정에 따듯한 마음이 그대로 드러난다. 따스하고 인간미 넘치는 배려심은 시청자가 먼저 느끼고 감동받게 된다. 결국 사람이 좋아야 방송도 좋다. 이것은 시대와 사상을 초월한 영원한 진리다.

Part 4.

영광의 얼굴들을 통해 본

합격 노하우

김주하, 강수정, 서현진, 이정민, 김주희……. 지금은 종횡무진 브라운관을 누비는 이들도 처음엔 아나운서가 되겠다는 꿈과 열정으로 가득했던 지망생들이었다. 이들은 어떻게 그 어렵다는 아나운서의 관문을 뚫었을까? 아나운서로서 제 위치에서 열심히 일하고 있는 이들의 지망생 시절을 돌아보며 한 수 배워보자. 거기에 합격의 노하우까지 덤으로 얻는다면 금상첨화일 것이다.

아　나　운　서　　　멘　토　링

01_ 두말이 필요 없다, 첫눈에 아나운서감
―김주하 아나운서

첫눈에 알아본 아나운서감

1995년 여름방학 시즌, 이화여자대학교의 한 강의실에서 30명의 수강생 속에 앉아 있는 김주하는 단연 빛났다. 시원시원한 이목구비에 특유의 눈빛으로 그녀는 자신만의 존재를 드러내고 있었다. 나의 모교인 이화여자대학교에서 유능한 방송인을 발굴해내는 프로젝트가 열렸고 그 두 번째 강좌 때였다. 나는 모처럼 발굴해낸 보석을 보고 마음을 진정시킬 수 없었다. 강의에 들어갔던 강사들마다 입을 모아 김주하 이야기를 하고 있었다. 눈에 띄는 아나운서감이 있다고들 수군댔다. 그렇게 김주하는 첫눈에도 아나운서였고, 앵커감이었다.

여름방학 때 잠깐 만났지만 그 뒤에도 나는 김주하와 계속 만날 수 있었고 그녀의 동정을 살필 수 있었다. 그녀는 학교 공부와 아르바이트, 그리고 취업설명회 등을 쫓아다니면서 방송사 입사 준비를 열심히 하고 있었다. 필기는 2학년 겨울부터, 실기는 3학년 여름부터 준비한 셈이다. 늦은 시작도 빠른 시작도 아니었다. 언론사 스터디 모임도 괜찮은 팀(후에 이 팀원들은 모두 아나운서가 되었는데, KBS 장웅 아나운서, 전 SBS 김범수 아나운서 등이 팀원이었다)을 만나 필기 시험 준비도 만전을 기했다. 그 와중에 내가 불교방송 사옥에서 진행하던 문화 센터 강좌에 참석해 실기 수업도 열심히 들었다. 화면에 비친 김주하의 모습을 보면 카리스마 넘치는 강한 힘이 있었고 그녀의 음성 또한 중저음의 볼륨 있는 중저음의 목소리라 앵커로서 적격이었다.

두 방송사의 마음을 동시에 사로잡은 그녀

김주하는 4학년 졸업을 앞두고 짧은 기간이지만 OUN 방송대학 앵커로 일하며 시험 전에 실전 경험을 갖게 되었다. 맨얼굴에 청바지, 흰 셔츠 차림의 여대생에서 정장 차림의 화장기 있는 모습으로의 변신이 쉽진 않았지만, 그녀의 앵커 경험은 그 후 치렀던 지상파 시험에 많은 도움이 되었다.

나름대로 열심히 준비하면서 지상파 시험을 치르게 되었는데 KBS와 MBC의 시험이 열흘 사이를 두고 비슷한 시기에 진행되었다. MBC가 먼저 진행되고 KBS가 다음이었는데, 중간쯤 가서는 서로 경쟁하듯이 같은 날짜에 실기 시험이 진행된 날도 있었다. 그래서 지원자들은 마치 전쟁을 치르듯 힘겨운 실전을 겪어야 했다.

MBC의 3차 실기와 KBS의 2차 실기가 치러지는 날, 그녀는 다급하게 나를 찾았다.

"선생님, 아직 MBC 실기 시험 차례가 안 왔는데 KBS 시험 시간이 다 돼가네요……. 어쩌죠?"

나는 우선 MBC의 시험을 차분히 잘 보고, 그리고 콜택시라도 잡아타고 KBS로 가서 늦더라도 꼭 시험을 치르라고, 절대 흥분하지 말고 마음을 차분히 가라앉히고 최선을 다하라고 응원해주었다. 나는 KBS가 김주하를 기다려줄 거라고 믿었다. 융통성은 늘 존재하는 거니까. 물론 무사히 두 회사를 오가며 시험을 잘 치렀다는 이야기를 나중에 들었지만 그때는 무척이나 애를 태웠던 기억이 난다.

김주하의 아나운서 도전기 중에서 잊히지 않는 것은 1차 실기부터 심사위원들의 주목을 받았던 대목이다. 첫 질문이 대선 정국에 대해 논해보라는 것이었고, 다음 질문은 스포츠를 좋아하는가였다. 김주하가 스포츠를 좋아한다고 하자 심사위원들은 실제 중계를 해보라고 했는데, 김주하는 당황하지 않고 중계를 시작했다. 심사위원들은 김주하가 당혹스런 질문을 어떻게 피해가는지를 파악하고자 한 질문이었는데 그녀는 그 씩씩한 목소리로 용기 있게 스포츠 중계를 했던 것이다. 일종의 김주하에 대한 심사위원들의 관심의 표명이자 발성이 얼마나 큰가, 순발력이 있는가 등에 대한 검증이었을 것이다.

또 화려한 옷을 차려입은 다른 지원자들 사이에서 수수한 회색 투피스를 입은 김주하의 모습도 단연 돋보였다(동대문 시장에서 15만 원 정도 주고 구입했다고 한다). 심플하고 수수한 빛깔의 의상이 그녀의 강렬한 눈빛과 당당한 기상을 더 돋보이게 해주었다. 의상보다는 그녀의 카리스마 있는 눈빛과 당당함이 심사위원들의 마음을 사로잡지 않았을까 하는 생각이 든다.

당시 지상파 3사에서는 지원자 자격에 나이 제한을 두고 있었다. 동급생들보다 나이가 많았던 김주하로선(나이 제한에 걸려 있었다) 마음이 다급했던 터였다. 그해에 꼭 합격해야 한다는 마음이 들었지만 옆에서 지켜보는 나는 오히려 차분했다. 왜냐하면 아나운서를 보는 전문가들의 눈이 비슷하고, 실전 시험에서 큰 실수만 하지 않는다면 김주하 정도의 자질을 갖춘 지원자가 합격 타이틀을 놓칠 리 없기 때문이다.

결국 예상은 적중했다. 후일담으로 들려오는 말로는 MBC가 먼저 합격자를 발표하는 바람에 KBS 입장에선 인재를 놓쳤다며 안타까워했다고 한다.

나는 최종 합격자 발표 후 그녀를 축하하는 저녁 식사 자리에서 이런 말을 했다.

"축하한다, 진심으로. 네가 가진 것이 남보다 많기에 당연히 합격한 것이지만 입사 후 자만하지 말고 열심히 노력한다면 입사 2년 내에 9시 앵커 자리까지 앉을 수 있지 않을까 싶은데……"

물론 그녀는 펄쩍 뛸 정도로 놀라며 부정했다.

"설마 그럴 리가요."

하지만 내 말은 현실이 되었다. 입사 후 초반엔 주변 사람들이 자신에 대해 별 관심이 없다고 했고, 현장에서 뛰는 리포터로 일하다가 뉴스가 아닌 퀴즈 프로그램의 MC로 발탁된 것을 다소 의아해하는 듯했다. 하지만 기회는 어느 날 불현듯 찾아왔다. 추석 즈음 선배가 진행하던 5시 뉴스에 갑작스레 대타로 들어가면서부터 앵커로서의 길이 열리기 시작한 것이다. 이후 그녀는 아침 7시에 대선배인 손석희 아나운서와 더블 앵커가 되어 뉴스를 진행했고, 이후 9시 뉴스 앵커가 되어 장기간 김주하 앵커 시대를 열었다. 출산 휴가 후에는 알다시피 여성 단독 앵커로 활약하는 등 아나운서를 지망하는 여대생들이 가장 닮고 싶어 하는 최고의 앵커가 되었다.

수수하고 담백한, 시원시원한 성격의 김주하. 전문성을 갖춘 앵커로서 대성하기 위해 늘 공부하고 노력하는 그녀. 나는 그녀가 항상 최선을 다하는, 그리고 시청자를 어려워하는 앵커이기를 바란다.

한 가지 분명한 것은 김주하는 '타고난 앵커'라는 것이다.

※ 김주하 아나운서는 현재 MBN 특임 이사가 되어 뉴스 앵커를 맡고 있다.

02_ 허스키 보이스에 모델 같은 아나운서
—김지연 아나운서

지금껏 보지 못한 새로운 개성

김지연을 처음 만난 것은 이화여자대학교의 언론영상학부 강의에서다. 스피치 실습 강좌에 참여한 40여 명의 학생 가운데 하나였던 김지연은 가무잡잡한 피부에 큰 키, 거기다 눈과 입이 큰 이국적인 마스크의 소유자였다. 특히 허스키한 목소리는 그녀의 트레이드 마크라고 할 수 있을 정도로 강한 개성이 느껴졌다. 하지만 '아나운서에 적합한 특징은 별로 없다'고 생각했는데, 한 학기의 강의가 끝나갈 무렵이 되자 이런 내 생각이 잘못된 것이었음을 깨달았다. 김지연이란 인간 자체에서 풍기는 강한 개성이 아나운서에 지원하면 합격할 수 있겠다는 확신으로 번지게 되었다.

강의를 끝내면서 한번 만날 것을 약속했는데, 그녀는 곧 나를 찾아와 수업에 참여하게 되었다. 강의가 진행되는 동안 아나운서로서 갖춰야 할 자질들을 흡수해서 자기 것으로 만드는데, 정말 물 만난 고기가 따로 없었다. 리허설을 하면 뉴스 리딩은 그 누구도 따라올 수 없을 정도로 시원스런 앵커의 면모를 보여주었고, MC와 DJ 또한 개성 있는 멋진 진행을 보여주었다.

특히 그녀가 아나운서 시험을 위해 준비한 개인기인, 영어 연극 하이라이트가 압권이었다. 연습하는 내내 우리는 그녀의 연기에 흠뻑 빠져들곤 했다. 모두들 정말 잘한다고 칭찬해주었다. 알고 보니 김지연은 대학 시절에 연극반에 들어 활동했고 자신이 주인공 역을 맡았던 부분을 개인기로 선택한 것이었다. 이 개인기는 아나운서 시험장에서도 멋지게 펼쳐졌고 결국 김지연의 합격에 일조했다.

아나운서에 대한 첫 도전으로 SBS를 선택한 김지연은 슬금슬금 최종 심사까지 올라가더니 덜컥 합격하고 말았다. 시험이 모두 끝나고 나서 들리는 이야기로는 김지연은 개성 있는 면모로 심사위원들에게 강한 인상을 주었다고 했다. 김지연이 갖춘 시원스런 이목구비와 큰 키는 종래의 아나운서상과는 다른 것이었다. 모델과도 같은 외모에 허스키한 음성이 어우러져 참으로 멋진 새로운 이미지의 아나운서가 탄생한 것이었다.

시대의 변화에 걸맞은 아나운서

처음 대학의 강의실에서 만났을 때만 해도, 김지연은 여성으로서는 다소 크다 싶은 키에 구부정해 보이는 자세(사람들을 대할 때 자신의 키를 낮추었던 것이다), 좋게 말하면 허스키하지만 반대로 말하면 명쾌하지 않은 목소리, 게다가 시원시원한 이목구비가 더해져 도리어 아나운서가 되기 까다로운 경우였다. 하지만 첫 번째 도전에서 그 힘들다는 아나운서 고시를 통과한 그녀는 강한 개성을 가진 여자 아나운서를 찾는 사회적 변화의 시점에 걸맞는, 한마디로 행운이 따르는 인물이었다.

이렇게 시험 운이란 것도 있어야 하는 것이 아나운서 시험이다. 그해에 앵커를 맡을 아나운서를 뽑는가, 아니면 MC를 맡을 아나운서를 선발하는가도 중요하다. 그리고 심사위원 운도 따라야 한다. 사람마다 취향이 다른 만큼 자신과 코드가 맞는 심사위원을 만나는 운도 있어야 한다는 것이다.

거기에 자신의 생체리듬도 좋아야 그날 시험을 무사히 잘 마칠 수 있다. 김지연은 자신의 개성과 특징을 잘 살려서 아나운서 고시를 첫 시험에 합격하는 쾌거를 이뤘으니 시원스런 모습만큼이나 운도 좋은 지원자였음에 틀림없다. 열심히 최선을 다한 시험이었기에 합격은 당연했다고 할 수도 있다. 하지만 아나운서 시험에서 첫 도전에 성공을 거둔 것은 정말 대단한 일이고 김지연 본인에게도 꿈같은 일이었을 것이다. 김지연의 성공담은 지금도 다른 지원자들 사이에서 부러움의 대상이 되고 있다.

입사 후 연예 프로그램 리포터로 맹활약한 것이 김지연 아나운서 본인에게 플러스였는지 마이너스였는지는 모르겠다. 나의 개인적 견해로는 '그녀가 앵커로 시작을 했더라면 더 좋았을 걸' 하는 생각이다. 그녀의 허스키하지만 시원스러운 음성에 화통한 방식이 더해져 뉴스를 진행했더라면 SBS 뉴스 앵커의 새로운 장이 열리지 않았을까 하는 아쉬움이 진하게 남는다. 결혼 이후 인생의 새로운 장을 열어가는 김지연 아나운서이니 아나운서 분야에서도 새로운 장을 열어주기를 바란다.

03_ 도전하라, 이룰 것이다!
—김범수 아나운서

그저 방송이 너무 좋았던 사람

김범수 아나운서는 매우 뛰어난 두뇌와 탁월한 언어 능력, 비범할 정도의 순발력을 지닌 아나운서 지망생으로 기억된다. 그는 두드러진 실력에 비해 쉽게 방송계에 진입하지 못했다. 운이 따르지 않았다. 군 제대 전 MBC 최종 면접에 올랐으나 탈락했고, 군대를 제대한 후엔 IMF 한파로 공채 시험 자체가 아예 없었다. 그 이듬해엔 나이 제한으로 공채에 응시할 수 없었다.

하지만 그는 지상파 방송사의 나이 제한이 해제된 후 첫 합격자가 되는 행운을 잡았다. 다시 말해 그는 서른세 살이라는 늦은 나이에 합격의 영광을 안았던 것이다. 합격자 발표가 있던 날, 김범수는 나와 B 피디와 함께 저녁을 먹으러 가는 도중에 합격 소식을 들었다. 누군들 그렇게 기뻐하지 않을 수 있을까! 그렇게 좋아하던 김범수의 모습을 잊을 수가 없다.

김범수가 스피치랩에 나타났을 때는 국가 경기가 바닥으로 내려갔던 IMF 무렵이었다. 그때는 공채 소식이 전혀 없던 암울한 시기이기도 했다. 오직 꿈을 향해 노력하며 실기를 준비하고, 수업이 끝나면 호프집으로 몰려가 맥주나 한잔 기울이는 게 전부였다.

당시 김주하, 장웅 등과 함께 공부했던 김범수는 실기 연습 때 그만이 가진 여러 가지 재능이 돋보이는 사람이었다. 매우 빠른 순발력과 애드리브 실력, 그리고 정확한 상황 판단력, 뛰어난 감수성, 풍부한 어휘력, 원어민 수준의 영어 능력 등이 그것이다. 그런데 이런 우수한 면들이 두드러진 반면에 그의 음성에 관해서 고민이 많았다. 과연 김범수의 비음을 어떻게 해결할 것인가? 만일 공명이 잘되는 목소리였다면 그의 여러 가지 뛰어난 재능과 합쳐져 김범수는 최고 수준의 아나운서가 될 자질을 갖고 있다고 해도 과언이 아니었다.

비음 문제와 더불어 다른 문제는 방송에 대한 그의 집착이었다. 김범수는 진심으로 방송을 사랑했다. 그의 실력이나 능력은 어느 대기업이나 외국계 회사에서도 탐낼 인재였건만 그가 바라는 것은 오로지 방송인, 그것도 아나운서뿐이었다.

방송을 해야만 행복할 사람

김범수는 OUN 방송대학 TV에서 처음으로 방송 일을 하게 되었다. 지방에 내려가 현장을 취재하고 보도하는 리포터 일이었다. 그 일을 끝내고 돌아와서 어찌나 자랑하고 좋아하는지……. 참으로 행복해하는 모습을 보면서 저 친구는 방송을 해야만 행복할 사람이라고 생각했다. 한편으로 은근히 걱정도 됐다. IMF의 여파가 몰아치는 바람에 공채 소식도 전혀 없는 상황이었기 때문이다.

그런데 하늘은 스스로 돕는 자를 돕는다고 했던가. 리포터 일에 이어 OUN 앵커를 맡게 되면서 김범수는 암울한 시기를 극복해나갈 수 있었다. 그 뒤로 마침 SBS 골프 채널에서 아나운서를 모집했는데 그의 실력을 발휘할 만한 여러 프로그램이 있었다. 골프를 배우면서 골프 프로그램을 진행하던 그는 다양한 스포츠 프로그램에서 활약할 수 있었다.

특히 미국에서 진행되는 NBA 농구 경기를 동시통역으로 중계하면서 영어 실력을 유감없이 발휘했다. 이런 과정을 거치면서 김범수는 차츰 자신감을 갖게 되었다. 게다가 골프 채널에서 쌓은 다양한 경험들이 SBS 아나운서 공채 시험에서 그가 발탁될 수 있는 바탕이 되었다.

행운의 여신이 그에게 미소를 보낸 것일까? 마침 지상파 아나운서 공모에 나이 제한이 없어진다는 발표가 났다. 그리고 김범수는 첫 번째 도전에서 그 어려운 관문을 멋지게 통과했다. 33세의 늦은 나이에 신입 아나운서가 된 것이다.

그동안 대기업이나 외국계 회사의 스카우트 제의도 마다하면서 방송 일이라면 작은 일, 궂은 일도 가리지 않고 신나하던 노총각이 그토록 바라던 지상파 방송사의 아나운서가 되었다. 합격의 순간에 김범수 아나운서가 기뻐하던 모습을 떠올릴 때면 사람은 돈이나 명예, 권력보다 하고 싶은 일을 하면서 사는 것이 가장 큰 행복이구나 하는 생각이 든다.

우리나라의 방송도 이제 세계로 뻗어가고 있다. 초심을 잃지 않고 지금도 프리랜서 MC로 활동하고 있는 김범수 아나운서가 좋은 프로그램들을 만나 진가를 발휘하길 진심으로 바란다.

04_ 같이 일하고 싶은 아나운서 1순위

—강수정 아나운서

천진하면서도 당찬 그녀

강수정을 처음 봤을 때 성인도 아기처럼 때묻지 않은 피부를 가질 수 있다는 것을 알았다. 카메라가 얼굴을 확대하면 출연자의 모공까지도 보이는 요즘 시대에 딱 알맞은, 그런 피부였다. 게다가 밝고 건강한 성격까지 갖고 있었다. 강수정을 처음 만난 사람들은 누구든지 그녀에게서 천진난만함을 발견할 것이다. 하지만 이런 강수정도 첫 번째 도전에서는 아나운서의 관문을 돌파하지 못했다. 지상파 3사의 아나운서 시험에서 최종 단계까지 진출했지만 아쉽게도 합격이라는 자리에 앉지 못하고 재수 대열에 서게 되었다.

강수정은 두 번째 도전을 준비하는 동안 케이블 방송 KTV에 입사해 아나운서로 활약했다. 이때 강수정은 자신에게 부족했던 많은 부분을 채워나갔다. 두 번째 도전에서 치른 SBS 아나운서 시험은 지난해의 실패를 만회하기 위해 철저하게 준비했다. 케이블 TV에서의 방송 경험을 바탕으로 자신의 약점이나 미흡한 부분들을 중심으로 완성도를 높이는 데 주력했다.

뉴스 리딩과 MC와 DJ 진행에 대한 철저한 준비, 그리고 개인기에 이르기까지 이번만은 실패하지 않겠다는 그녀의 의지를 읽을 수 있었다. 게다가 의상이나 헤어스타일, 메이크업도 자신을 돋보일 수 있게 준비했다. 3차 실기 시험에서 그녀는 다른 지원자들이 거의 시도하지 않는 슬랙스 차림을 선택했다. 당연히 심사위원석에서 이런 말이 나왔다.

"강수정 씨, 오늘 의상이 좀 특이하네요."

정장 투피스 차림의 지원자가 대부분인 시험장에서 강수정 혼자 흰 재킷에 빨간색 슬랙스 차림이었으니 당연히 시선을 끌 만했다. 그런데 강수정은 그 질문을 기다렸다는 듯이 이렇게 응수했다.

"오늘의 의상이 제 콘셉트입니다. 어떤가요?"

지원자는 수세적인 입장이지만 그렇다고 심사위원들의 질문에 우물쭈물해서 주눅이 들면 감점을 당할 가능성이 크다. 강수정의 반응은 당연한 것이었다. 게다가 어떻게 해서든 경쟁자들보다 특별해 보이고 싶었던 강수정의 의도도 맞아떨어졌다.

첫 번째 도전에서 다소 소홀했던 합숙에서의 개인기도 강수정은 철저히 준비했다. 개인기로 '손가락 인형극'을 택한 강수정은 그녀의 귀여운 이미지에 맞게 일일이 소품까지 준비해서 사람들의 시선을 끌고 재미를 주었다.

이번만은 실패해선 안 된다는 절박한 마음으로 최선을 다했는데, 막상 마지막 뚜껑을 열어보니 불합격이었다. 합격자 발표 후 강수정의 흐느끼는 울음을 나는 잊을 수 없다. "최선을 다했는데……"라고 말하며 그녀는 매우 슬퍼했다. "다음 시험이 있잖니"라고 위로했지만 말 그대로 올인했던 시험이었기에 그녀의 아픔이 더 컸던 것 같다.

어느 정도 시간이 지난 뒤, 아직 실패의 쇼크가 채 가시지 않은 듯한 그녀로부터 나는 이런 이야기를 들었다.

"1차에서부터 마지막 면접까지 한 회, 한 회 전력투구를 해서인지 진이 다 빠졌어요. 그래서 다음 시험을 어떻게 치를지, 바닥까지 떨어진 의욕을 어떻게 살려낼지 모르겠어

요. 정신을 가다듬고 무엇이 부족했는지, 무엇을 더 잘해야
되는지 추슬러야 다가올 시험을 생각할 수 있을 것 같아요.
그래서 다음번은 아예 MBC 시험을 포기하고 KBS에만 전
력투구할까 생각 중이에요, 선생님."

시험을 치를 에너지가 바닥까지 내려가 두 시험을 한꺼번
에 볼 자신이 없다는 말이었다. 나로서는 1년에 한 번 있는
지상파 시험을 흘려보내고 한 곳에만 올인해보겠다는 그녀
의 말에 동의하기 힘들었다. 그러나 시간이 지나면서 그녀
의 말에 고개가 끄덕여졌다. 얼마나 힘들고 고통스러웠으면
두 시험에 쏟아부을 기력을 한 곳에 모아 올인하겠다고 했
겠는가.

선택과 집중

지상파 방송사의 아나운서 시험 과정은 정말 피를 말린
다. 한 회의 발표가 나고 합격과 불합격이 드러나면 합격자
는 힘을 모아 다음 회차에 전력투구하고, 다시 발표가 나고
희비가 갈리고, 이렇게 하길 대여섯 차례. 거의 2개월여를
이렇게 시험만 치루며 보내게 된다. 본인은 물론이고 가족
들과 친지들 그리고 나까지도 대입 합격자 발표를 기다리
는 심정으로 두 달을 지내고 나면 사람이 황폐해진다.

강수정은 세 번째 도전에서 본인의 전략대로 KBS에만 원서를 내고 MBC는 외면하는 대담한 게임 운영을 했고 결국은 성공했다. 그녀가 합격한 후 나는 덕담 삼아 물었다.

"뭔 깡으로 MBC를 과감하게 포기했니?"

그러자 그녀는 "저는 MBC가 안 좋아할 타입이잖아요!"라고 말하며 생긋 웃었다. 2년 만에 활짝 웃는 모습을 보면서 나 역시 그렇게 기쁠 수가 없었다.

강철은 두드릴수록 단단해진다는 말이 맞는 것 같다. 강수정 아나운서는 입사 후 곧 인기 아나운서가 되더니 거침없는 하이킥으로 그 험난하다는 프리랜서의 길로 진출했다. 남들은 몰라도 나는 강수정 아나운서의 근기, 현명한 판단, 최선을 다하는 모습을 알기에 그녀가 건강하고 씩씩한 프리랜서 아나운서로서 거듭나리라 믿어 의심치 않는다.

나는 수업 시간에 아나운서가 된 합격자들 이야기를 하면서 강수정의 경우는 성격 좋고 같이 일하고 싶은 건강한 아나운서의 예로 소개한다. 말단 직원부터 고위층 간부까지 예뻐하고 함께 일하고 싶어 하는 귀여운 여인이라고……

05_ 카리스마 있는 세련된 지성파 아나운서
—MBC 이정민 아나운서

시원스런 외모 속에 깃든 뜨거운 열정

이정민 아나운서의 첫인상은 큰 키에 시원스런 모습, 명쾌한 화술이 첫눈에 번쩍 들어올 만큼 인상적이었다. 자신감과 화통함이 함께하는, 기분 좋은 이미지랄까.

이화여자대학교 여름방학 강좌에서 잠시 만나 인연이 된 후, 그녀는 꼭 아나운서가 될 수 있을 거란 생각이 들어 나는 좀처럼 안 하던 권유를 해보았다. 그랬더니 돌아오는 대답이 명쾌했다. 자신은 기자를 할 거라는 것이었다. 아쉽지만 너무 단호하게 나오는 바람에 마음을 접고 말았다. 아나운서의 길을 가쳤으면 하고 다가갔지만 그녀는 눈길 한 번 안 주고 떠났다.

1년이 훨씬 지난 어느 날 큰 키의 시원스런 그녀가 스피치랩을 불현듯 찾아왔다. 2년 전의 당당하고 상쾌한 모습보다는 다소 지친 모습으로 말이다. 당시 모 방송사의 기자 생활을 1년 남짓 했던 그녀는 아나운서에 도전하겠다고 말했다. 나는 그녀의 결심이 내심 반가웠다. 그때 개설한 강좌에 좋은 경쟁자들도 많았기 때문에(후에 같은 강좌를 수강한 박사임, 김윤지, 김보민 등이 KBS 아나운서가 되었다) 이정민의 합류로 더욱더 열띤 분위기 속에서 수업을 진행할 수 있었다.

그녀의 장점은 카메라 앞에서도 자신감과 당당함을 잃지 않는 것이었다. 그녀에겐 타고난 카리스마도 있었다. 김주하 이후로 당찬 카리스마를 지닌 지망생을 만난 것이다. 나는 본능적으로 가슴이 두근거렸다.

이렇게 아나운서 도전을 시작한 그녀는 동료 지망생들의 뜨거운 열기 속에 빠져들어 차근차근, 열심히 준비해갔다. 자세히 들여다보면 누구라도 단점이 있고, 문제점도 드러나기 마련이다. 하지만 그녀의 특유의 시원스런 자세로 씩 웃으며 맞닥뜨린 자신의 문제점들을 하나둘씩 극복해나가는 모습이 엿보였다.

약간의 콧소리는 그녀의 단점이 될 수 있었지만 뉴스 리딩에선 자신감 있는 발성으로 인해 전혀 느껴지지 않았다. 오히려 개인기로 중국어 VJ 진행을 할 땐 매우 매력 있는 소리가 되어 마치 중국인이 말하는 듯 우리를 즐겁게 해주었다. 중국의 전통 의상까지 입고 VJ 진행을 선보일 때면 늘씬하고 큰 키가 돋보였던 기억이 새롭다. 물론 공채 입사 시험에서도 그녀의 중국어 VJ 진행은 인기를 끌었던 것으로 기억한다.

돌이켜 생각해보니 이정민의 MBC 공채 입사 전략은 1차 실기 시험부터 필기 시험, 2차 실기, 3차 실기, 합숙, 최종 면접까지의 모든 과정이 빈틈없이 철저했다. 의상 선택부터 헤어스타일, 메이크업까지 어느 것 하나 소홀함 없이 완벽을 향해 노력했던 것이다. 그녀는 어느 PD의 조언을 받아 자신의 큰 키와 멋진 각선미를 살릴 수 있는, 목선 절반을 가린 귀여운 스탠딩 칼라의 겨자색 컬러 의상을 선택했다. 초미니스커트에 목선 절반까지 올라오는 스탠딩 칼라 옷을 입은 그녀는 단연 눈에 띄는 모습이었다.

모든 심사위원의 이목을 집중시킨 카리스마

소문에 의하면 이정민이 시험장에 들어서서 카메라에 잡

힌 순간 서류를 보던 심사위원들의 시선이 모두 그녀에게 쏠렸다고 한다. 50여 명의 학생들 속에 앉아 있던 이정민의 모습이 내 눈에 확 들어왔듯이 말이다. 그 강렬한 눈빛, 자신감 있는 시원스런 모습을 카메라가 놓쳤을 리 없다. MBC 심사위원들도 당찬 카리스마를 지닌 이정민을 1,500여 명의 지원자 가운데 차세대 대표 주자로 일찌감치 낙점했을 것이다. 보는 눈은 비슷하기 때문이다.

이정민은 1차 실기 시험에서 단 두 문장을 읽는 뉴스 리딩을 하고선 아쉬운 마음에 두 손을 번쩍 들고 "MC, 한 번 더 해보겠습니다"라고 심사위원에게 요청했고, 이정민에게만 기회를 줄 수 없어 함께 서 있던 9명에게도 공평하게 MC 원고를 더 읽게 해주었단다. 쓸데없는 걱정이었다는 것을 나중에 알게 되었지만 말이다.

이정민에겐 운도 따랐다. 2001년 MBC 시험의 최종 명단에는 함께 강의를 들었던 김윤지, 박사임도 나란히 올라가 있었다. 세 사람 모두 저마다 뚜렷한 색깔이 있었기에 방송사 측에선 누구를 선발해도 개성 있는 멋진 선택이라고 생각했을 것이다. 하지만 내부 사정에 의해 앵커감이 필요했다면 이정민이 아무래도 유리할 것이었다. 아나운서 시험에는 운도 어느 정도 작용하는데 그해 뉴스 앵커감이 필요한가, 교양 MC감이 필요한가, 오락 MC감이 필요한가의 여하에 따라서 합격, 불합격이 갈릴 수 있다. 뉴스 앵커를 맡을 아나운서가 필요하다면 기자 생활 1년을 겪은 이정민에게 유리할 수밖에 없었다. 그 당시 함께 최종에서 치열하게 경쟁했던 박사임, 김윤지는 KBS 최종 면접에도 나란히 올라가 있었고 다행히 전부 합격했다. 함께 강의를 듣고 노력했던 이정민, 박사임, 김윤지, 김보민은 그해 KBS, MBC 아나운서국을 휩쓰는 기염을 토했다.

이정민의 감격이 더 컸던 것은 1,500여 명의 지원자 중 단 1명의 여자 아나운서를 선발하는 시험에서 자신이 합격했다는 사실 때문이다. 그녀는 자신도 도저히 믿기지 않는 듯 이렇게 되뇌었다.

"믿을 수가 없어요. 1,500명 중 제가 합격했다는 사실이……."

더구나 1년의 기자 생활 끝에 뒤늦게 합류해 거둬낸 합격이어서 감격이 더 컸다. 그러나 누가 봐도 당찬 분위기, 큰 키, 카리스마 넘치는 말투, 시원스런 성격, 명석한 두뇌 등 방송인으로서 갖춰야 할 좋은 점을 고루 갖춘 아나운서가 바로 이정민이다. 화통한 성격만큼이나 사람들과의 관계도 원만한 그녀는 미래의 아나운서로서의 설계도 멋지게 해놓고 있으리라.

이정민, 그녀는 그녀의 스케일답게 언제나 성장과 성숙을 거듭하는 멋쟁이 아나운서다.

06_ 드러나진 않지만 숨은 저력이 무섭다
—KBS 김윤지 아나운서

사슴 같은 그녀가 터뜨린 대형 사고

"어쩜 이렇게 참할까?"라는 상찬이 어울리는 사람이 바로 김윤지다. 오목조목한 이목구비와 사슴을 닮은 그녀의 눈을 보면 사람들은 모두 나와 같은 생각을 할 것이다. 더구나 그녀를 더욱 말쑥하게 만드는 것은 바로 목소리다. 중간 정도의 적당한 음조와 음색을 가지면서도 윤기 있는 김윤지의 목소리는 아나운서로서 최적의 조건이라고 할 수 있다.

김윤지는 적당한 키에 원만한 성품을 가졌기 때문인지 이정민, 박사임, 김보민 등 미래의 경쟁자들과 함께 수업을 들을 때도 크게 눈에 띄는 언행을 하지 않고 언제나 조용히 공부하던 모습으로 기억된다. 가끔은 덜렁거리는 모습을 보여 우리를 웃겼는데 그 점 또한 그녀만의 매력이었다.

자신이 풍기는 분위기와 딱 어울리는 좋은 목소리 덕분에 김윤지는 6개월 과정이 끝날 무렵 경기 FM의 DJ로 발탁되었다. 작은 방송사이기에 아나듀서(아나운서+프로듀서) 역할을 하며 방송을 진행했다. 선곡부터 엽서 정리, 작가 역할까지 도맡아 자신만의 방송을 진정으로 즐기게 된 그녀는 라디오 방송에 푹 빠져 있었다. 그런 와중에 지상파 방송의 아나운서 시험을 보았고, MBC와 KBS 양쪽 모두 최종 면접까지 올라가게 되었다. 그 당시 MBC의 최종 면접에 박사임, 이정민, 김윤지 세 사람만이 올라가 있어 우리 가족들끼리의 결선이었고, 당시 KBS의 최종 면접에도 이들이 동시에 올라가 있었다.

MBC 아나운서 공채 과정 중 아마 3차 실기 시험이었을 것이다. 김윤지는 어느 심사위원으로부터 현재 진행 중인 경기 FM에서의 DJ 프로그램에 관한 질문을 받았는데, 여기서 대형 사고(?)가 터지고 말았다. 이런저런 질문을 한 심사위원이 "만일 합격하게 된다면 그 일을 그만두어야겠네……"라는 질문 아닌 질문을 하자 김윤지의 그 큰 눈에 눈물이 그렁그렁 고이더니 마침내 울음을 터뜨렸다는 것이었다. 사슴을 닮은 큰 눈에 눈물을 글썽이며 우는 모습이 카메라에 잡혀서 그대로 전달되었는데, 그 모습이 꽤나 인상적이었다는 후문이다.

김윤지는 자신의 분신처럼 여기고 있던 방송을 그만두어야 한다는 생각에 자연히 울게 된 것이지만, 심사위원들에게 좋은 인상을 주었다. 비록 MBC에서는 최종 합격자가 되지 못했지만, 다행히(?) 눈물 사건이 일어나지 않았던 KBS에서 지상파 방송사 아나운서가 되었다. 입사하고 얼마 뒤에 〈시사투나잇〉이란 프로그램을 맡으면서 유명해졌고, 그 후로도 변함없이 꾸준한 모습을 보여주었으니 과연 그녀답다고 하지 않을 수 없다.

모든 포지션을 소화하는 조용한 실력자

한마디로 김윤지 아나운서는 주목을 받지는 않지만 자신이 반드시 해야 하는 일에 최선을 다하는 스타일이다. 그렇기 때문에 항상 다른 아나운서들의 뒤에 서서 그들이 하지 못하는 일들을 챙기고 프로그램의 전체적인 균형을 잡아주는 사람이 바로 김윤지 아나운서다. 주요 프로그램의 진행에 이상이 생기면 즉시 달려가 자신의 능력을 발휘해 문제를 해결한다. 그러고는 언제 그랬냐는 듯이 다시 제자리로 돌아간다.

김윤지 아나운서는 언제나 자신을 드러내지 않고 뒤에 서 있는 것만으로도 앞에 서 있는 사람들에게 힘이 되어주는 아나운서다. 그녀에겐 저력이 있다. 조용한 실력자다. 주말 9시 뉴스의 앵커를 맡았고, 그녀의 목소리에 딱 어울리는 클래식 음악 프로그램도 진행했다. 그녀는 아나운서라면 누구나 하고 싶어 하는 프로그램들을 모두 소화해낼 수 있는 능력이 있다. 10년 후쯤에 문화·예술 인터뷰 프로그램에서 멋진 예술가와 인터뷰하는 모습이 머릿속에 그려진다.

07_ 끊임없이 도전하는 무서운 노력가

—서현진 아나운서

지독한 공부벌레

서현진 아나운서가 자신의 미스코리아 이력을 밝히고 싶지 않았던 이유는 사람들이 갖고 있는 편견 때문이다. 그녀가 처음 나를 찾아왔던 것은 SBS 공채 시험이 있기 2개월 전인 2003년 4월경으로, 초급 과정 등록이 마감된 직후였다. 그녀에게 "미안하지만 마감되었어요"라고 하자 막무가내로 등록시켜달라고 떼를 쓰던 모습이 생각난다. 시험을 앞둔 터라 일찌감치 10명의 정원이 차버렸으니 다음 달에 등록하라고 타일러도 다른 수강생들에게 양해를 구하고 바닥에 앉아서라도 수업을 듣겠다고 우겨대는 통에 내가 두 손을 들고 말았다.

그 후 열심히 공부하는 그녀를 보고는 수업에 받아주기를 잘했다는 생각이 들었다. 서현진은 금세 아나운서반 수강생들과 친해졌으며 기자반 남자 선배들에게 상식이나 글쓰기 부분의 조언을 얻어내는 데도 성공하는 등 주변 사람들과 잘 어울리는 털털한 모습을 보여줬다.

마른 체형의 그녀를 보고 사람들은 깐깐하고 까다로울 것이라고 지레짐작하지만 사실 그녀의 성격은 시원시원하고 소탈하다. 누구에게든 쉽게 다가가는 성격이라 친구도 잘 만들었다. 특히 조금이라도 자신이 잘 모르는 지식이나 부족한 부분이 있으면 동료든 선배든 쫓아다니면서 도움과 지원을 받아 확실히 보완했다.

그녀는 자신이 무용을 전공했고 미스코리아 선에 입상했다는 사실을 일종의 콤플렉스로 여겼다. 서현진이 그만큼 노력했다고 볼 수도 있지만, 무용과 출신이나 미스코리아 출신에 대한 내 생각을 바꾸게 할 만큼 서현진은 지적인 동시에 지독한 공부벌레이기도 했다.

진지하게 임하고 열심히 노력한 덕분에 서현진은 아나운서 초급 과정을 배운 지 2개월 차임에도 불구하고 SBS 아나운서 시험에서 최종 면접까지 올라가는 기염을 토했다. 아쉽게도 낙방했지만 대단히 상쾌한 첫출발이었다. 서현진은 그해 부산 MBC 아나운서 시험에 합격했지만 공부의 끈을 놓지 않았다. 한번 목표를 정하고 시작하면 끝을 보고 마는 성격이라는 것을 보여주기라도 하듯이 더 열심히 공부했다. 그 결과 본인의 희망대로 MBC 본사의 아나운서 시험에 합격하고야 말았다.

입사 후에도 빛을 발한 부단한 노력

서현진은 입사 후에도 특유의 노력하는 아나운서로서의 면모를 유감없이 보여주었다. 어떤 역할이 주어지든 열심, 또 열심이었다. 뉴스 리딩을 연습하며 앵커의 꿈을 다지더니 2년이 채 안되어 주말 9시 뉴스 앵커가 되었다.

처음 서현진의 목소리는 약간 성마른 느낌이어서 뉴스와 맞지 않는 듯했다. 하지만 그녀는 부단한 노력을 통해 자신의 목소리를 뉴스 리딩에 적합한 목소리로 탈바꿈시켰다. 타고난 재능에 만족하지 않고 부족한 1%를 노력을 통해 메워가는 서현진 앵커는 뉴스 진행도 아주 잘 해나갔다. 담백하면서도 자신감 있게!

그러던 어느 날, 선배인 김주하가 1년의 출산 휴가 후 단독 앵커 자리로 돌아오자 서현진은 주말 앵커 자리에서 물러났다. 회사의 방침이라 앞에선 표현하지 않았지만 남몰래 울었다고 했다. 그런데 그 뒤에 이어진 그녀의 변신은 무서웠다. 하루아침에 예능 프로그램 MC로 변신한 것이 아닌가. 아마 서현진은 무척 노력했을 것이다. 이왕 할 거면 확실하게 하자는 생각으로 솔직하고 유쾌하게 예능 프로그램 MC 역할을 잘 해냈다. 서현진의 성실함은 그녀가 진행했던 프로그램들에서 잘 배어났다.

본인의 희망이 아닌 방송사의 뜻에 따라 하루아침에 뉴스 앵커에서 오락 프로그램 진행자가 되었지만, 그녀는 이미지 변신을 멋지게 해내고 모두에게 인정을 받았다. 그녀라면 어떤 성향의 프로그램을 맡아도 근사하게 해낼 것이다. 이제는 프리랜서가 되어 한곳에 머무르지 않고 끊임없이 노력하며 도전하는 아나운서 서현진! 앞으로 더 변화무쌍하면서 발전해나갈 그녀의 모습을 기대해본다.

08_ 아나운서 만들기 전략이
철저했던 똑똑한 준비생
—KBS 조수빈 아나운서

세 번 놀라게 만든 지망생

대학교 3학년 초반에 나를 찾아온 조수빈은 이력서로 내 입이 떡 벌어지게 만들었다. 일간지와 잡지사에서 명예기자와 인턴기자로 생활했고 기업체들이 지원한 장학금으로 다녀온 해외여행 경험, 미스월드유니버시티 입상 경력, 토익시험 고득점은 물론이고, 2008년 KBS에서 처음 실시한 KBS 한국어능력시험 최고 득점, 스터디 3개 진행 등 20대 초반의 이력이 28년을 방송사에서 보낸 내 이력보다 길었다.

조수빈이 또다시 나를 놀라게 한 것은 아나운서가 되기 위한 준비를 대학에 입학하고부터 했다는 것이었다. 조수빈은 의대에 진학해도 될 만큼 좋은 성적을 받았지만 오직 아나운서가 되기 위해 언어학과로 진학했다. 대학에서 교양 과목도 아나운서와 관련이 있는 과목들로 수강하고 스터디 역시 필기와 실기에 관련된 모임에 나갔다. 한마디로 말해 조수빈은 대학 입학 때부터 차근차근 아나운서 시험을 통과하는 데 유리한 이력을 쌓아온 것이다.

종합해보면 대학생이 되기 이전부터 아나운서를 목표로 인생을 설계하고 그 계획들을 실행에 옮긴 것인데, 이 얼마나 신통방통한 친구인가! 나를 찾아왔을 때 조수빈은 이미 아나운서가 되기 위한 준비가 50% 정도는 되어 있는 상태였고 남은 것은 시험 통과를 위한 실기를 익히는 것이었다.

조수빈이 마지막으로 나를 놀라게 한 것은 '연습벌레'로 불려도 될 만큼 실기 연습을 지독하게 반복했다는 것이다. 대부분의 수강생들은 각각 3개월의 기초 과정과 전문 과정을 끝내면 케이블 방송사 등에서 실무 경험을 하거나 시험을 한 달 정도 앞둔 시기에 다시 실전반에 참여한다. 하지만 조수빈은 1년이 넘도록 변함없이 스피치랩에 나와 발성 및 발음, 의상과 메이크업 등 하나부터 열까지 연습에 연습을 거듭했다. 아예 스피치랩에서 살다시피 하니 그 의지와 열정에 감동받은 나는 아르바이트거리를 주면서까지 그녀가 아나운서 준비를 멈추지 않기를 바랐다.

멋지게 빗나간 탈락의 예감

무슨 일이든 완벽을 추구하는 성격의 조수빈은 KBS 아나운서 2차 실기 시험에서 자신의 답변이 시원치 않아 심사위원들에게 좋은 모습을 보이지 못했다며 자책했다. 심지어 자신은 탈락할 것이라고 예언(?)까지 했다. 하지만 조수빈은 모든 관문을 무사히 통과하고 합격했다. 당시 KBS에서 처음으로 실시한 KBS한국어능력시험의 제1회 시험에서 조수빈이 수석을 한 점이 간부들의 관심을 끌었다.

'아나운서 되기'라는 전략 목표 아래 여러 가지 전술 목표를 착실하게 실행해 첫 도전에서 목표를 달성한 조수빈 아나운서는 지망생들에게 몇 가지 시사점을 남겼다. 첫 번째는 아나운서에 대한 도전은 빠를수록 좋다는 것이며, 두 번째는 '아나운서'라는 한 우물만 파라는 것이다. 세 번째는 도움이 되는 것이라면 작은 것 하나라도 놓치지 말고 최선을 다해 준비하라는 것이다.

김주하가 타고난 앵커라면 조수빈은 노력하는 앵커다. 전혀 다른 스타일의 두 앵커를 평가하자면 시간이 필요하겠지만, 〈토끼와 거북이〉라는 옛이야기에서도 알 수 있듯이 타고난 자질을 가진 사람이라도 방심하면 끊임없이 노력하는 사람에게 지고 만다. 결코 서두르지 않으면서 한 단계 한 단계 자신의 목표를 달성해가는 조수빈 아나운서의 다음 목표는 과연 무엇일지 궁금해진다.

9시 뉴스 앵커와 시사 전문 MC로 활약하던 조수빈 아나운서는 2019년 프리랜서를 선언했다. 뉴스 앵커, 시사 전문 MC로서의 활약을 기대한다.

09_ 철저한 노력형 전략가
—KBS 이선영 아나운서

너무 고운 것도 문제

인형같이 고운 외모를 가진 이선영이 나를 찾아온 건 시험을 3개월 정도 앞둔 때였다. 캐나다 연수를 다녀온 직후라서 시간이 촉박하므로 기초 과정과 전문 과정을 한꺼번에 수강하겠다고 했다. 좀 무리한 일이라는 건 알지만 가능성이 보였기에 받아들였다.

그 후 이선영은 스피치랩에 매일 나와 이 강의실 저 강의실을 오가며 기초 과정에서는 단순히 아름답기만 한 목소리를 뉴스 톤에 맞게 만들고, 전문 과정에서는 면접에 필요한 실전 준비를 했다. 게다가 함께 공부하는 지망생들과 스터디 자료 공유 등 짧은 시간에 많은 것들을 얻어내는 유능함도 보여주었다. 워낙에 늦게 시작해 주어진 시간을 남들보다 두 배로 활용하지 않으면 안 되는 상황이었기에 무척이나 진지하고 열심이었다. 심지어 그녀는 마포구청 아나운서로 아르바이트까지 하면서 필기 시험과 실기 시험 준비도 게을리 하지 않았다.

그런데 이선영의 문제점이라면 용모와 목소리가 너무 곱다는 것이었다. 인형같이 고운 모습에 아나운서로서는 다소 부적합한 높은 톤의 꾀꼬리 음성! 일반인이라면 최고의 조합이라고 할 수 있겠지만 개성 있는 아나운서상을 찾는 요즘엔 오히려 단점이 될 수 있었다. 그래서 나는 이선영의 가는 목소리를 볼륨 있고 시원한 목소리로 만드는 데 역점을 두었다. 그리고 그녀 역시 자신의 약점(?)을 고치기 위해 필사적으로 노력했다.

목소리 교정에 더하여 인간적인 이미지 변신도 시도했다. 이선영이란 사람이 주는 전체적인 이미지를 완전히 바꿀 수는 없지만 어떻게 하면 신뢰감이 가는, 인간미가 있는 아나운서의 이미지를 만들 수 있을지 고민했다. 안 되면 될 때까지 물고 늘어지는 그녀의 근성과 인내심 덕분에 많은 부분이 나아졌으며 아나운서로서의 희망이 보였다.

전세를 역전시킨 당돌한 선제공격

반면에 이선영의 장점은 끊임없이 노력하고 인내한다는 점, 성격이 밝은 점과 애교가 있다는 점, 인간관계에서 열린 시각을 가지고 있다는 점, 목표를 달성하기 위해 빈틈없이 준비한다는 점, 순발력이 뛰어나다는 점 등이다. 이중에서 빈틈없는 준비와 순발력은 한 지상파 방송 아나운서 최종 면접에서 작은 사건(?)을 만들어냈다.

"사장님, 넥타이 색깔이 오늘은 노란색인데 지난번 청문 회 땐 빨간색이었죠? 오늘도 좋으신데요⋯⋯."

세상에, 수험생인 이선영이 심사위원인 사장에게 이런 말을 한 것이다. 긴장감이 흐르는 최종 면접 시험장에서 묻는 말에 순순히 대답해야 할 수험생이 심사위원에게 먼저 말을 걸다니⋯⋯. 그녀만의 센스가 돋보인다고 할까. 면접 시험장도 일종의 겨루기 자리이니 상대방의 기에 눌려서는 자기가 가진 실력을 제대로 보여주지 못한다. 이 점에서 이선영의 선제공격은 상대방의 기선을 제압함과 동시에 이후의 흐름을 자기 페이스로 만들었으니《손자병법》의 저자인 손무가 봤다면 제자로 삼겠다고 할 만하지 않은가!

이 작은 사건은 최종 면접을 위해 방송사 사장의 최근 근황과 그즈음에 있었던 청문회 관련 녹화 테이프에서 넥타이 색깔을 기억해두었던 이선영의 철저한 준비와 순발력이 빚어낸 순간의 드라마였던 것이다. 최종 면접에서의 두 번째 사건(?)은 내년에 다시 보자는 한 심사위원의 말에 그녀의 커다란 눈에서 눈물을 뚝뚝 떨어뜨린 것이었다. 심사위원들의 이목을 끈 이 두 장면은 이선영만의 잊을 수 없는 면접 후기가 되었다.

이선영 아나운서는 〈스포츠 투데이〉, 〈쏙쏙 어린이 경제나라〉, 〈주주클럽〉, 〈누가누가 잘하나〉 등에서 훌륭한 진행 솜씨를 보여주었으며, 〈한국사 傳〉 '새로운 조선을 꿈꾸다, 소현세자빈 강씨' 편에서는 주인공 강빈 역을 맡아 숨겨둔 연기 솜씨를 보여주기도 했다. KBS 간판 연예·오락 프로그램인 〈연예가중계〉에서는 김제동과 더블 MC를 맡아 실력을 발휘했다.

지금도 끊임없이 자신의 단점을 보완하고 장점을 살리기 위해 노력하고 있을 이선영 아나운서이므로 아무리 큰 프로그램의 진행이나 중요한 드라마의 역할을 맡겨도 철저한 준비와 순발력으로 잘 대처하리라 믿는다.

10_ 10전11기의
뜨거운 열정을 가진 아나운서
—김주희 아나운서

탈락의 고배만 열 잔째

SBS 아나운서 시험에 합격한 김주희는 인사차 내게 와서 이렇게 말했다.

"포기하지 않으니까 이렇게 기회가 오네요."

과연 칠전팔기가 아니라 10전11기의 김주희 아나운서만이 할 수 있는 말이다.

김주희는 대학교 3학년이 되던 봄에 나를 찾아왔다. 대학생 김주희는 아주 발랄하고 자신감이 넘치는 재원이었는데, 마침 그녀가 속한 아나운서 준비 반의 다른 지망생들도 실력이 뛰어난 인재들이었다. 여러 개의 스터디를 동시에 진행할 수 있는 실력파들만 모였기 때문인지 김주희도 놀랄 만한 성장 속도를 보였다. 하지만 학업 때문에 기초 과정만 마치고 학교로 돌아갔다.

그러고 얼마 후에 경기케이블 방송에서 아나운서를 추천해달라는 의뢰가 들어왔다. 나는 4학년이 된 김주희에게 연락했고, 그녀는 학생 신분으로 케이블 방송사의 아나운서가 되었다. 그런데 김주희는 처음으로 방송 경험을 쌓다가 6개월 만에 그만두고 말았다. 이후 지상파 아나운서 시험에는 중간 과정에서 낙방하고, 내가 추천을 해준 케이블 방송사나 지역 방송사 시험에서도 최종 과정에서 번번이 떨어졌다. 여러 스터디에 참여하면서 필기, 실기 공부를 알차게 하고 있었는데 말이다.

내친김에 미스코리아

그러던 어느 날 그녀가 지친 표정으로 내게 찾아왔다. 달리 생각해야 하는 것은 아닌지 모르겠다며 연속되는 낙방에 풀이 잔뜩 죽어 있었다. 그런데 김주희는 의외의 곳에서 돌파구를 찾았다. 바로 미스코리아 대회에 출전하는 것이었다.

당시 전문 과정을 수강하던 김주희가 수업을 여러번 빠져

이상하다고 생각하던 때에 그녀로부터 한 통의 전화를 받았다.

"선생님, 저 미스서울 대회 최종 심사하고 있는 중이에요."

시끌시끌한 주변 소리들 속에서 그녀의 목소리를 듣고 긴가민가한 나는 '아닌 밤중에 웬 미스코리아?'라고 생각했다. 하지만 잠시 후에 진에 선출되었다는 연락을 받고는 '일내겠다!'는 느낌이 들었다. 과연 본선에서 김주희는 당당히 2005년 미스코리아 진으로 선발됐다.

나중에 이야기를 들어보니 김주희가 미스코리아를 전환점으로 선택한 데 일조한 것은 어이없게도 '살과의 전쟁'이었다. 김주희는 화면을 통해 나타나는 자신의 이미지가 귀여움에서 펑퍼짐함으로 바뀐 것을 발견하고는 곧장 다이어트에 돌입했다. 주로 강의실과 도서관을 오가는 생활이 반복되자 살이 찐 것이다. 다이어트를 성공시킬 핑곗거리(?)를 찾던 김주희는 미스코리아 대회 참가를 선택했는데 이게 바로 일석삼조의 역할을 해주었다. 체중 감량에 성공한 것은 물론 김주희에게 연이은 아나운서 시험 낙방으로부터의 전환점을 마련해주고, 대한민국 최고의 미인이라는 미스코리아 진의 영예를 가져다주었으니 말이다.

다이어트를 하던 김에 참가했다지만 결과적으로 미스코리아라는 조커를 멋지게 활용한 셈이 됐다. 김주희가 "잃었던 열정과 자신감을 얻었던 것이 가장 큰 소득이었어요"라고 말했을 때, 나는 이번 도전만큼은 성공하겠다는 느낌을 받았다. 미스코리아 대회와 SBS 아나운서 시험은 같은 기간에 진행되었는데, 여러 차례의 심사와 시험 날짜가 서로 절묘하게 비켜주는 덕분에 김주희는 최종 면접에 올라갔다.

여기서 독자들은 미스코리아 진이라는 타이틀이 있었기 때문에 최종 면접까지 올랐을 것이라고 생각하겠지만 천만에 말씀이다. 사회적인 여론이나 방송사의 방침, 심사위원의 선입견 등에 따라 미스코리아는 득이 될 수도, 실이 될 수도 있으니까 말이다.

당시 김주희가 최종 면접까지 올라가고 마지막 관문을 통과해 합격한 것은 순전히 그녀의 전략과 실력이었다. 전문 과정을 수강하면서 확실해진 기본기에 자신감이 더해지면서 김주희의 내공은 일취월장했다. 이는 3차 실기 시험 과정에서 대형 MC로서의 면모를 보여주고자 마련한 〈남북한 공동 열린음악회〉의 진행이 상당히 호의적인 반응을 얻은 것으로 알 수 있다. 실기 능력을 보여주는 과정에서 시대적인 흐름과 잘 맞는 주제를 선택하는 것도 개인의 능력이 아닌가.

미스코리아 진이 될 능력이 있으면서도 10전11기의 관록(?)을 보여준 김주희 아나운서는 아나운서 지망생들에게 있어 아주 큰 용기를 주는 인물이라고 할 수 있다.

부드러워 보이지만 강한 의지력을 가진 외유내강 스타일의 김주희 아나운서는 예능 프로그램에서 발군의 실력을 뽐내면서 어느새 대표적인 프리랜서 아나테이너가 되었다. 자신이 가진 또 다른 능력을 보여주면서 우리를 놀라게 할 김주희 아나운서의 모습을 기대해본다.

11_ 여유로움과 무서운 근기의 소유자
—KBS 오언종 아나운서

마지막까지 저력을 발휘한 긍정의 힘

2003년 봄, 사무실에 나타난 오언종은 건장하고 씩씩하며 수더분해 보이는 인상을 가진 호감 가는 청년이었다. 첫인상부터 아나운서가 되기에 나무랄 데 없이 고루고루 잘 갖춘 준수한 모습이었다. 그는 열심이었고, 성실했고, 매우 긍정적이며 낙천적인 성격이었다. 쉽지 않은 아나운서 공채 시험에는 무엇보다 밝고 긍정적인 사고가 중요한 요인이 될 수 있기에 그의 여유로워 보이는 모습에 한결 안심이 되었다.

첫인상 그대로 그는 실패도 좌절도 여유롭게 받아들였다. 힘들어도 오히려 씩씩해 보였다. 실패를 즐기는 사람이 있겠냐마는 그럼에도 불구하고 좌절하지 않는 것은 그의 큰 장점 중의 장점이다. 2차나 3차에서 좋지 않은 결과가 나와도 비교적 담담해 보였고 그다음을 내다보는 여유가 옆에서도 느껴질 정도였으니, 아마 이것이 그가 최종 목표 지점까지 내달릴 수 있었던 비결이었다고 생각한다.

2004년 어느 라디오 방송사에 입사한 뒤에도 그의 도전은 계속되었다. 저력이 느껴지는 그의 행보는 특유의 '오언종 스타일'로 티 안 나게 진행되고 있었던 것이다. 자신이 몸담고 있는 회사에서 인정을 받고 도전에도 성공했다는 것이 지금 생각해봐도 정말 대단하게 느껴진다.

2003년 첫 만남 이후에도 그는 시험 시즌만 되면 꾸준히 등장해 자신이 다소 부족하다고 생각되는 면들을 점검하면서 지칠 만도 한 공채 도전을 묵묵히 이어갔다. 아마도 그의 저력이 건강한 신체와 정신 속에 깊숙이 저장되어 있어 겉으로는 드러나지 않다가 어떤 순간순간에 나를 감탄하게 만든다고 생각했다. 삼수, 사수를 거듭하는 여성 아나운서 지망생들에게서 나타나는 고뇌와 갈등의 모습이 오언종에게서는 보이지 않았다(사실 마음은 그렇지 않았겠지만).

그의 안정감은 어디서 나오는 걸까? 타고난 성격에 하루하루를 열심히 지내는 라이프 스타일에서 온 것이 아닐까. 대학 시절에 모 결혼정보회사의 모델로 활동했던 경험과, 다양한 취미 활동이 그의 여유를 연장시키는 비법이었음에 틀림없다. 못하는 게 없는 그였다. 늘 잘 웃었다. 그런 태도가 옆에 있는 사람을 편안하게 해주었다. 아마도 이런 저력으로 3년 가까이 공채 시험에 도전을 해오지 않았나 싶다.

오언종 아나운서는 대학 시절, 토론 동아리 활동을 통해 자신의 아나운서를 향한 기반을 미리 단근질해온 셈이다. 스피치에 꾸준히 관심을 갖고, 4년간 방송과 신문에 관련된 기본 이론 수업을 들으며 바탕을 쌓았으며, 토론 대회 등에 나가 그의 스피치 속의 논리성을 미리 검증받아온 실적들이 아나운서 공채에서 빛을 발하게 된 건지도 모른다. 대학 전공 선택부터 토론 동아리 활동, 그리고 그의 취미 생활까지도 방송사 아나운서가 되기 위한 준비 작업의 일환들이었다.

아름다운 청년

2003년부터 시작된 그의 아나운서 시험 도전은 2004년 라디오 방송사 입사, 그리고 2006년 KBS 아나운서 입사로

이어졌다. 목표를 향해 끊임없이 노력하고 인내하고 또 꿈을 위해 최선을 다한 그는 한국의 대표적인 아름다운 청년, 오언종이다.

그의 KBS 공채 아나운서 시험 과정엔 여러 가지 일화가 있다. 잠깐 소개하자면 KBS는 1차 시험에서 지원자들을 대거 탈락시키는 것으로 유명하다. 1,000명 중 50~60명만 합격시키고, 남자 지원자는 300여 명 지원자 중 10명 미만만 1차 합격자로 남게 된다. 마지막까지 살아남은 지원자끼리 서바이벌 게임을 하는 것이다. 오언종 아나운서가 공채 시험을 볼 때에도 1차 실기에서 8명, 2차 필기에서 3명이 남았고, 3차 실기에서 단독으로 올라가 최종 면접에서 합격했다.

단독으로 남아 치르는 시험은 여럿이 함께 치르는 시험보다 참으로 힘들다. 그때의 심했던 마음고생을 나도 같이 겪었다. 3차 실기부터 다른 경쟁자 없이 홀로 남아 도전하는 시험은 도리어 맥이 빠지고 묘한 긴장감과 스트레스를 주는 과정이어서 더 힘들다. 과정 중간중간에 들려오는 모든 소리에 민감해지고 가슴이 철렁 내려앉는 매우 당황스러운 분위기에서 시험을 치르게 되는 것이다.

다소 부정적이거나 긍정적인 소리들이 들려오는 가운데

시험은 끝났다. 오언종은 차라리 지옥 훈련이 낫겠다는 푸념을 남기고 여행을 떠났다. 그리고 그곳 여행지에서 내가 전한 합격 소식을 듣게 되었다. 그는 만감이 교차한다고 했다. 마음고생이 매우 심했다는 것을, 그동안 여유만만해 보였던 오언종의 입을 통해 듣게 되었다. "선생님 고맙습니다" 하는 감사의 인사와 함께.

12_ 아나운서 오수생의 아름다운 도전
— OBS 유영선 아나운서

삼성 그룹도 마다하고 시작한 아나운서 도전

유영선은 우리나라 최고의 기업인 삼성 그룹에 입사해 연수를 마치고는 아나운서가 되겠다며 사표를 썼다. 그의 성품은 씩씩함을 넘어 당당하기까지 했다. 그의 패기는 하늘을 찌를 듯했다. 그때만 해도 자신이 향후 5년이란 세월을 가시밭길에서 헤맬 줄은 그도 나도 몰랐다.

아나운서 준비 기초 과정과 전문 과정을 순조롭게 마치고 시도한 첫 번째 도전에서, 그는 최종 면접까지 올라갔지만 합격하지는 못했다. 그래도 첫 도전부터 최종 단계에 도달해 좋은 성적을 얻었다. 그 뒤로도 여러 시험을 치루며 꽤 높은 성적을 유지했다. 기량이 뛰어난 그는 대기업 사내 방송 아나운서를 하면서 안정된 생활을 할 수 있었지만, 지상파 아나운서가 목표였으므로 만족할 수가 없었다. 그러나 회사 생활을 이어가며 준비하던 그는 지상파 아나운서 시험에 도전할 기회조차 갖기 어려웠다.

결국 유영선은 근 1년간 몸담았던 대기업 사내 방송 아나운서 생활을 청산하고 지상파 아나운서를 향한 도전을 다시 시작했다. 스피치랩을 찾아온 그는 스터디 그룹을 만들어 공부하면서 여전히 활기차고 열정적인 모습을 보여주었다. 그해에는 최상의 컨디션으로 최종 면접에 올랐지만 합격의 결실은 거두지 못했다. 그는 잠시 좌절한 듯 보였으나 이내 특유의 담담한 표정으로 스피치랩을 끊임없이 드나들었다. 필기와 실기 시험을 준비하는 스터디팀을 결성해 열정적으로 운영하면서 재기의 투지를 보여주었다. 지방에 있던 본가를 떠나 서울에서 홀로 자취 생활을 하면서 힘겹게 지내고 있었지만, 힘든 내색은 전혀 보이지 않았다.

그런데 그 이듬해에 치른 지상파 아나운서 시험에선 성적이 들쭉날쭉했다. 필기 시험에서 탈락하거나, 2차 실기 시험에서 떨어지기도 했다. 평균 성적이 지난해보다 좋지 않았다. 끝없이 계속되는 시험 과정에 지쳤거나 유영선이란 지원자가 주는 신선한 느낌이 퇴색되었기 때문이리라 생각했다. 하지만 그보다 본인이 매우 좌절했다는 것이 더 큰 문제였다. 나이는 들어가고 자신감은 점점 떨어지는 상황에서 비롯된 슬럼프를 어떻게 이겨내는지가 관건이었다.

유영선은 한동안 내 앞에 나타나지 않았다. 진로에 관해 심사숙고를 하는 것 같았다. 사실 나도 그와 마주치는 것이 겁이 났다. 무슨 말을 해주어야 할지, 어떻게 위로를 해주어야 할지 엄두가 나지 않아서 피하고 싶은 심정이었다. 나 또한 막막한데 당사자는 오죽할까 하는 생각으로 노심초사하며 그를 기다렸다.

결코 좌절하지 않는 의지의 청년

그러던 어느 날 그가 불현듯 나타났다. 내가 그의 등장에 더욱 놀랐던 점은 그가 싱긋 웃으며 다시 도전해보겠다고 "Ready Go!"를 외쳤다는 것이었다. 나는 누구도 당해낼 수 없을 것 같은 그의 집념에 놀라지 않을 수 없었다.

투지에 찬 그의 의연한 모습에서는 오히려 매서운 기운 같은 것이 느껴졌다. 그로부터 1년여 동안 유영선은 매번 스튜디오에서 마지막까지 홀로 남아 뉴스 원고를 읽고 또

읽었다. 나는 저 친구가 저러다 미치는 것은 아닐까 걱정되기 시작했다. 지난해만 해도 함께 스터디를 하는 동료들이 있었지만 그해는 혼자서 고군분투하는 모습이 안쓰럽고 안심이 되지 않았다.

KTV에서 아르바이트로 10분짜리 앵커를 진행하면서 마치 직장에 출근하듯 스피치랩에 나와 혼자서 뉴스 리딩을 하고 MC, DJ 준비를 했다. 그야말로 연습하고 또 연습하는 과정의 연속이었다. 사람들이 유연성을 두고 미쳤다고 하지 않을까 싶을 정도였다. '저렇게 혼자서 버티는 건 위험한데……'라는 생각이 들었지만 어쩔 도리가 없었다. 그해의 시험 성적도 예상대로 썩 좋은 편은 아니었다. 심지어 1차 실기 시험에서 탈락하기도 했다. 포기하게 되는 최악의 순간이 아닌가 싶었다.

그가 지상파 아나운서가 되겠다던 자존심을 굽히고 지역 방송사 아나운서 시험을 치르는 걸 보면서 그의 아나운서 도전도 종지부를 찍는구나 싶었다. 그리고 지역 방송사 아나운서 시험에 합격해 열심히 일하는 모습을 봤을 때도 더이상의 도전은 없겠다 싶었다. 그러나 얼마 후 그가 지상파 공채 시험에 다섯 번째로 도전한다는 걸 알게 되었다. 참으로 대단한 집념이었다. 지역 방송사에 근무하면서 활기를 되찾았고 다시 도전할 의지를 굳힌 것이었다.

오수생의 무서운 집념은 그를 MBC 최종 면접과 새로 개국한 OBS 경인방송의 최종 면접에 오르게 만들었다. 그에게서 흔들리지 않는 자신감이 보였다. 오랜만에 보는 패기 가득한 자신감이었다.

다른 방송사보다 한발 앞서 발표한 OBS 경인방송의 최종 합격자 명단에는 유영선의 이름이 있었다. 5년간의 기나긴 도전 끝에 거둔 결실이었다. 그의 합격 소식을 듣고 내가 다 눈물이 났다. 얼마나 고독한 도전의 길이었을까.

마침내 오랜 산고를 끝내고 유영선 아나운서가 탄생했다. 강력한 카리스마를 가진 그는 OBS 경인방송 개국 기념 설문에서 밝힌 것처럼 비교할 수 없는 재미와 감동을 주기 위해 애쓰는 훌륭한 아나운서가 될 것이다. 유영선은 진정으로 아나운서가 되고 싶어 했고, 마침내 자신의 꿈을 이뤄낸 불굴의 의지를 지닌 멋진 청년이다.

13_ 100%의 노력과 믿음으로 올인한
근성 있는 아나운서
―KBS 김민정 아나운서

드라마 같은 도전기의 주인공

김민정, 하면 떠오르는 단어들이 있다. 올인, 근성, 희망,
100%의 노력, 믿음.

2년간 그녀가 보여준 모습들이다. 그녀의 아나운서 도전
기는 자신에 대한 믿음과 희망을 가지고 100%의 노력으로
올인한 끝에 이루어낸 드라마였다. 저렇게 믿음을 가지고
꿈을 향해 모든 노력을 기울이는데 어떻게 이뤄지지 않을
수 있을까……. 지독하리만치 흔들리지도, 기웃거리지도 않
고 올곧게 직진하는 그녀의 모습이 참 대단했다.

그녀가 스피치랩과 인연을 맺은 것은 1년에 한 번 있는 장학생 선발 대회에서였다. 100여 명의 지원자 중에 단연코 눈에 띄었고 그녀의 자기소개서 또한 마찬가지였다.

'몸으로 표현하고 싶어 발레를 했습니다. 글로 이야기하고 싶어 국어국문학을 전공했습니다. 거기에 말을 더하고 싶었습니다. 많은 사람들과 만나 교감하고 이야기를 나누고 싶었습니다. 그래서 이 자리에 섰습니다.'

그녀는 자신을 정확하게 표현할 줄 아는 학생이었다. 다섯 문장만으로 자신이 어떤 사람인지, 왜 아나운서가 되고 싶은지를 간결하고 명쾌하게 표현할 줄 알았다.

그녀는 머리카락 한 올도 흐트러지지 않게 올린 머리와 발레로 다져진 균형 잡힌 자세, 그리고 깔끔한 목소리와 무대 체질의 당당함까지 재능이 많은 준비된 지망생이었다. 그녀는 자신의 부족한 부분을 부지런히 채워나가기 시작했다. 대충, 적당히라는 단어는 김민정에겐 용납되지 않는 듯했다. 철저히, 완벽한 준비를 위해 쉬지 않고 달리며 집중했고 아나운서 대비에만 올인했다.

연이은 실패, 그리고 깨달음

그녀는 처음으로 치른 공채 시험에서 최종 면접까지 올랐으나 최선을 다했음에도 실패하고 말았다. 무엇이 부족했는지, 놓친 것이 무엇인지를 자성하게 되었다. 그녀는 아나운서가 되기 위한 공부에만 파묻혀 정작 어떤 아나운서가 되고 싶은지, 왜 KBS 방송국을 선택했는지 등 근원적인 생각들을 놓치고 있었다는 것을 깨달았다.

그런 깨달음이 있고서 자기소개서의 방향 설정부터 면접에서 발표할 답변까지 큰 틀의 그림들이 확실히 보이기 시작했다. 새롭게 다시 시작하면서 더 많이 읽고, 더 많이 쓰고, 더 많이 생각하면서 자신만의 확실한 콘텐츠를 만들어나갈 수 있었다.

재도전이었던 다음 공채에서는 이미지부터 확실한 변화가 있었다. 면접 내용의 콘텐츠와 질문에 답변할 때의 자신감이 1년 전의 모습과는 딴판이었다. 그만큼 그녀는 많은 준비를 했다. 철저한 대비를 위해 다른 직종군(기자, PD) 지망생들과 스터디를 진행하며 사회를 바라보는 눈을 키웠고, 다양한 종류의 유익한 글을 많이 읽었다. 넓은 시각과 풍부한 지성이 말의 힘을 키우고 자신감을 갖게 해주었다. 거기에 단발 머리로 상큼하게 변신해 지난해의 이미지를 벗어버리고 새로운 김민정을 보여주었다. 지난해와 또 다른 모습을 보여주고 달라지기 위해 노력한 흔적을 보여줘야 한다는 전략이었다.

그녀의 나머지 다른 전략은 면접 기술이 아니라 콘텐츠의 변화가 있어야 한다는 것이었다. 많이 읽고, 쓰고, 토론하면서 머리와 가슴 속 열정을 풍부하고 다양하게 채웠다는 것을 보여줘야 했다. 속이 꽉 찬 콘텐츠를 갖추자 더욱 자신감이 생겼다. 욕심은 내려놓고 솔직하고 자연스럽게 면접에 임했다. 여유로운 그녀의 모습에서 완벽한 답변으로 최고의 모습을 무조건 보여줘야 한다는 불안한 강박관념은 찾아볼 수 없었다.

면접에서 조금 여유를 가지고 솔직하게 아는 대로 말하기란 결코 쉽지 않다. 하지만 바로 그런 면접이야말로 합격에 한 걸음 다가서는 좋은 면접이 되곤 한다.

확신과 믿음으로 언제나 전진하는 아나운서

김민정은 1년 전의 실패를 반복하지 않고 자신이 준비한 것을 천천히 다 보여줄 수 있었고, 마침내 합격할 수 있었다. 그녀는 쉽지 않은 준비 기간 동안 다른 아무 일도 하지 않고 오로지 아나운서 시험에 올인하며 집중했던 것이 합격의 비결이었다고 했다. 자신이 원하는 일에 대한 확신과 믿음이 있었기에 가능했다는 것이다.

합격 후 아나운서로 입사한 뒤에도 불꽃 튀는 경쟁은 계속된다. 치열한 경쟁을 뚫고 입사한 동기, 선배들과 다시 경쟁해서 각 방송사를 대표하는 9시 뉴스 앵커가 된다는 것은 쉽지 않은 일이다. 그러나 그녀는 또 하나의 목표를 향해 믿음을 가지고 노력한 끝에 그 자리에 올랐다. 그녀는 9시 뉴스 앵커로서 5년여 동안 자리를 지켰다.

지금은 프리랜서 아나운서로 활약 중인 그녀의 인생에서 최종 목표는 무엇일까? 그녀는 요즘 무슨 계획을 세우고, 또 어떤 노력을 하며 지내고 있을까?

14_ 건강한 몸과 마음을 지닌
애교 만점 아나운서
—KBS 이각경 아나운서

기분 좋은 사람

이각경하면 이런 단어들이 떠오른다. 팔등신, 건강 미인, 애교, 끈기, 늘 긍정적인 성격, 그리고 철저한 이미지 관리.

이각경을 만나면 기분이 좋아진다. 큰 키에 균형미 넘치는 건강한 느낌이 그녀의 첫인상이다. 그리고 애교가 넘치는 밝은 성격을 가졌다. 좋은 목소리에 정확한 발음과 발성, 건강한 이미지까지 갖춘 데다 근성과 끈기도 있다. 아나운서 언론고시에 필요한 필수 조건을 거의 다 갖춘 셈이다. 그래서 재수, 삼수를 거치긴 했지만 KBS 아나운서 배지를 달게 된 건지도 모른다.

나는 아나운서 언론고시에 어느 정도 적합한 조건들을 갖춘 지망생에게 결국 "근성 싸움에 강한 자가 이긴다"고 말한다. 최종 목적지에 도달하는 합격생은 도전을 포기하지 않은 자이며, 바로 그런 사람에게 기회가 온다는 것이다. 이 각경의 경우도 마찬가지다. 여러 차례 불합격이라는 아픔과 좌절을 겪었지만 작은 방송사에서 3년여를 프리 아나운서로 일하면서 실력을 키웠다. 그녀는 결코 도전을 포기하지 않았다.

유명 스터디 팀의 팀원이 되다

그녀는 꼭 해내야겠다는 의지가 확실했다. 다행히도 꼭 함께해줘야 할 행운도 따라줬다. 그 행운 중 하나는 동지가 되어 함께 걸어가면서 의지하고 서로의 힘이 되어준 스터디 팀과의 만남이었다. 좋은 스터디 팀을 만나 팀원들과 무섭도록 실기, 필기 스터디를 꾸준히 해온 것이 그녀를 아나운서로 만들어준 중요한 비결이었다. 그 특별한 스터디 팀원들은 거의 모두가 방송인이 된, 스피치랩의 유명한 스터디 팀이었다.

이 스터디 팀은 그 팀원들이 모두 차례차례 아나운서가

된, 유명 앵커들의 산실이 되었다. 첫 주자는 전 KBS 9시 뉴스 앵커인 김민정 아나운서였고, 이어서 현 KBS 9시 뉴스 앵커인 이각경 아나운서, KBS 부산 최현호 아나운서, 김호수 프리랜서 아나운서, 현 KBS 주말 9시 뉴스 앵커인 박소현 아나운서 등이 차례로 아나운서가 되었다. 이 스터디 팀원들의 철저한 발성, 발음 연습과 막대한 뉴스 리딩 훈련양이 입사 후 9시 메인 앵커가 되는 비결이 되고 있는 셈이다.

그리고 이들은 서로 의지하고 격려하면서 아나운서가 되는 그날까지 서로의 버팀목이 되어 주었다. 스피치랩의 특별한 이 스터디 팀은 들어가기도 어렵지만, 이 스터디 팀의 팀원이 되기만 해도 아나운서가 되는 지름길을 걷는 것이나 마찬가지라는 이야기가 알려지기도 했다. 그들이 스터디에서 훈련하는 모습은 여느 스피치랩 강사들보다도 더 엄격하고 철저한 구석이 있었던 것으로 정평이 나 있었다.

스스로의 노력과 가족의 지원이 이뤄낸 합격

그녀가 실기와 필기 시험을 철저히 준비하기도 했지만, 이미지 측면에서도 전략적으로 매우 세심하고 완벽하게 대비했다. 헤어스타일에서부터 의상, 메이크업까지 어느 하나 놓치는 것 없이 꼼꼼히 준비해 카메라 앞에 모습을 드러낸 그녀의 이미지는 나무랄 데 없이 훌륭했다. 큰 키에 세련된 커트 머리, 도회적인 멋진 투피스의 차림까지 단연 돋보였다. 시험장에 나타난 그녀의 모습이 모 면접관이 칭찬할 정도로 아주 눈에 띄었다는 후문이 지원자들 사이에서 전해졌을 정도였다. 나는 그녀가 실기 면접을 준비하면서 스피치는 물론, 의상, 헤어스타일, 메이크업을 완벽하게 준비하는 과정을 지켜보았다. 그 어느 것 하나 빠짐없이 철저하게 준비한 것이 그녀를 합격까지 이끌어주었다는 것을 안다.

그녀의 합격은 자신의 근기와 노력, 그리고 천성적으로 타고난 긍정적이고 낙관적인 기질과 가족의 따스한 지원까지 합세한 작품이었다. 가장 중요한 것은 자신에 대한 확신을 가지고 끝까지 포기하지 않은 것이겠지만 말이다.

모든 아나운서의 꿈인 9시 뉴스 앵커 자리에 오른 이각경에게 박수를 보낸다. 10년 후 그녀의 아나운서로서의 그림이 어떻게 그려질까 기대된다. 멋진 방송인으로서, 끊임없이 공부하는 아나운서로서 성장해가리라 믿는다.

15_ 아이돌 같은 이미지,
그리고 다양한 끼와 튼튼한 기본기
—KBS 이재성 아나운서

지피지기의 교훈

이재성하면 아이돌이란 단어가 떠오른다. 여러 가지 변신을 시도할 수 있는 다양한 이미지를 가졌다. 건강하고 발성이 좋고 밝고 긍정적이다. 아나운서로서 갖추어야 할 좋은 조건을 두루 지닌, 쓰임새가 많은 사람이다. 게다가 끈질긴 근성을 갖춘 것은 물론 욕심도 많은 편이다.

2014년의 어느 날이었다. 대학 3학년이던 이재성이 친구와 함께 찾아왔다. 첫인상은 작은 얼굴에 귀염성이 있는, 어느 아이돌 그룹의 멤버 같은 이미지였다. 게다가 좋은 목소리와 친화력이 느껴지는 밝은 이미지가 매력 있어 보였다. 본인의 노력과 근성만 있다면 충분히 아나운서가 될 수 있는 가능성이 엿보였다.

이재성은 대학 시절, 방송반에서 활동하면서 이미 방송에 대한 경험들을 쌓아두고 있었다. 어쩌면 그때의 경험을 통해 자신의 가능성을 미리 예감하고 있었는지도 모르겠다. 일정 기간의 수업 과정에서는 합격 가능성이 높은 수강생으로 인정받고 있었고 차곡차곡 실력을 쌓아가고 있었다.

그러나 한편으론 시행착오도, 좌절도 경험하고 있었다. 여러 아나운서 시험에서 연이은 실패도 맛보았다. SBS 공채 시험에서 최종 면접까지 올라갔을 때는 자신감을 얻었고, 동시에 자신에게 무엇이 부족한지를 절감했다고 했다.

실제로 그는 지역 방송사 시험에서도 3차까지 올라가는 등 최종 단계의 문전까지 올라간 적도 있었지만, 특히 SBS 공채 시험을 치르면서 급성장을 거듭했다. 자신이 무엇이 부족한지, 또 어느 강점을 지녔는지를 정확히 파악하게 됐던 것이다. 최종 면접에서 불합격 통보를 받으면서 그는 바짝 긴장하고 급해졌다. 남자 아나운서라면 필수적으로 필요한 스포츠 중계 준비가 덜 되어 있다는 걸 알게 된 탓이었다.

스피치랩에서 준비하는 동안, 나는 이재성에게 SBS 공채 시험을 치르기 전에 스포츠 캐스터반 강의를 꼭 좀 들었으면 좋겠다고 권유했다. 어렵게 마련한 스포츠 중계 수업이었기 때문에 꼭 들어두는 게 좋을 거라고 했는데, 그때 무슨 사정이 있었는지 참여하지 못했다. 이재성도 SBS 공채 시험을 치르면서 스포츠 중계 준비를 미리 못 해둔 것을 무척이나 후회했고, 불합격 통보를 받자마자 스포츠 캐스터반 수업을 지금이라도 들을 수 없는지 애절하게 문의해왔던 기억이 난다. 그러나 스포츠 캐스터반의 바쁜 일정에 도저히 시간을 낼 수 없어서 어쩔 수 없이 개인적으로 다른 방법을 찾을 수밖에 없었다. 남자 아나운서에게는 그만큼 스포츠 중계 부문이 중요한 변수가 될 수 있다.

언론고시를 함께 준비하다 보면 언제나 준비된 자에게 기회가 온다는 걸 알게 된다. 왜냐하면 곧 이어서 KBS의 아나운서 공채 시험이 이어졌기 때문이다. 나는 KBS 공채 시험에 응시하는 이재성을 보면서 그가 최종 탈락을 겪으면서 무척 성장했다는 것을 느낄 수 있었다. 자신의 강점과 약점을 많이 파악하고 있었고 부족한 면을 보완할 줄도 알았다. 거의 목표 지점 끝에 와 있음을 직감했다. 자신감도 많이 올라와 있었다. 자신의 강점을 강조하고 자신의 약점을 보완해갈 줄 알게 되면서 어느 정도 여유가 생겨 있었다.

앞으로가 더욱 기대되는 아나운서

그는 분명 차곡차곡 올라가고 있었다. 합격할 수 있다는 느낌을 매 단계마다 그의 연락을 받으면서 느낄 수 있었다. 실기 시험에서 밝고 긍정적인 느낌을 받았다는 그의 연락을 받으면서도 분명 이번엔 되겠구나 싶었다. 심사위원들로부터 우호적인 반응이 나오고 웃음소리가 나오는 등의 긍정적인 기운이 느껴질 때 합격으로 이어지기 때문이다.

그로부터 머지않아 합격 소식을 들었을 때 요즘 인기 있는 아이돌 같은 그의 모습과 화통한 소리, 순발력 등 그가 지닌 끼들이 생각났다. 다시 생각해봐도 역시 그는 아나운서가 될 수밖에 없는 사람이구나 싶었다.

요즘 KBS에서 활발히 활약하는 모습을 보면서 그의 성공적인 아나운서로서의 미래를 확신할 수 있었다. 그의 강점인 밝은 성격과 적극적인 도전 정신으로 어디서나 어느 상황에서나 친화력을 가지고 잘 해내리라고 믿는다. 본인의 끊임없는 공부와 겸허한 자세가 이어지는 한 그는 많은 시청자의 사랑을 받을 수 있으리라.

그는 현재 KBS 9시 뉴스 및 스포츠 뉴스 앵커, 〈여유만만〉 MC로 활약하고 있다. 무한한 잠재력을 지닌, 다양한 미래상이 그려지는 이재성 아나운서의 대성을 기대해본다.

16_ 아나운서 지망생들을 위한
명품 뉴스 리딩 샘플의 주인공

—KBS 박소현 아나운서

교과서가 된 그녀의 명품 뉴스 리딩

박소현하면 노력형, 연습벌레, 완벽한 준비, 정확한 발음·발성, 확실한 기본기 등이 떠오른다. 현재 KBS 9시 뉴스 주말 앵커인 박소현은 노력형 모범 준비생이란 말이 딱 맞는 아나운서 지망생이었다. 스피치랩에서 보낸 2년여의 시간 동안 보인 모습도 말 그대로 철두철미였다. 완벽했고 열심이었고 노력 그 자체였던 모습이 기억난다.

특히 그녀는 내가 20년 가까이 만나온 수많은 아나운서 지망생들 중에서도 가장 완벽한 뉴스 리딩과 발음·발성 조건을 갖춘 지망생이었다. 그녀가 스피치랩의 수강생이었던 시절에 녹화해둔 뉴스 리딩 샘플은 내가 뉴스 기본기 강의에서 적극 활용하는 명품 샘플이다. 현재 9시 뉴스 앵커인 박소현 본인도 다시 만들어내지 못하는 최고의 샘플인 것이다.

그녀의 뉴스 리딩은 지상파 아나운서 1차 실기 시험에서 최고점을 줄 수 있는, 힘이 있고 신뢰감 가는 소리에 완벽한 발음과 적당한 속도를 갖춘 깔끔하고 담백한 리딩이다. 그녀가 합격하기 직전 최고조의 실력을 뽐낸 그 시절의 뉴스 리딩 샘플이 이후의 아나운서 지망생들에겐 최상의 교과서인 셈이다. 그 샘플은 하도 오랫동안 많이 재생한 탓에 화면이 지워질 지경이 되어서 지금은 복사 작업에 들어가 있다. 그녀의 뉴스 리딩이 최고였던 데에는 다 이유가 있었다. 발성과 발음, 리딩의 흐름 하나하나가 그녀의 노력으로 만들어진 작품이었기 때문이다.

남다른 근성으로 합격을 거머쥐다

대학 3학년이 되는 연초에 스피치랩 등장했을 때, 그녀는 공부 잘하는 여고생 같은 모습이었다. 눈에 잘 안 띄는 얌전한 성격이면서도 매우 열심이었다. 3개월 과정이 끝나갈 무렵에는 같은 반에 속한 7명의 지망생 중에서 가장 우수한 소리와 발음, 뉴스 리딩 실력을 인정받았던 기억이 난다.

그래서 나는 대학 3학년생인 그녀를 모 케이블 방송사의 MC로 추천했다. 그녀는 추천을 받은 다른 지망생과의 경쟁에서 이겨 대학 재학 중에 리포터 겸 MC로 활동했다. 자신감 있는 발성과 명료한 발음은 어디서고 통한다는 걸 입증해준 것이다.

3개월 과정이면 아나운서가 되기 위한 기본 준비는 어느정도 된 셈이었다. 그런데 그녀는 매일 학원에 나와 혼자서 1시간씩 발성과 발음을 연습하고 뉴스 리딩을 진행하곤 했다. 이 과정은 합격할 때까지 계속된 그녀만의 훈련 방법이었다.

하지만 그녀만의 끈질긴 노력과 훈련에도 불구하고 공채 시험을 치르면서 힘든 시련과 좌절의 시간들이 있었다. 2014년 1년은 그녀에겐 가장 힘든 한 해였을 것이다. 그해에 그녀는 연초에 있던 KBS 시험을 시작으로 SBS, MBC, JTBC까지 모두 최종 면접에서 낙방하고 말았다. 옆에서 지켜보기에도 힘들었던 기억이 난다. 완성에 가까운 뉴스 리딩 실력에 필기 시험은 물론 실전 인터뷰, 3차 관문까지 너

끈히 통과하는데 무엇이 문제일까?

시험에는 운도 필요하지만 그날의 컨디션, 의상, 메이크업과 헤어스타일도 운이 따라줘야 한다. 여기에 심사위원 운도 따라야 한다. 너무 완벽한 답변도 때로는 매력을 떨어트리는 요인이 된다. 그날따라 생각이 잘 안 나는 질문만 받을 수도 있고 머리 회전이 안 되어서 죽을 쑤는 답변만 하게 되는 악운이 겹칠 수도 있다.

박소현은 2014년 한 해 동안 연속으로 최종 단계에서 낙방하는 불운을 겪고도 의지의 한국인처럼 꿋꿋하게 견뎌냈다. 그리고 언제 그랬냐는 듯이 2015년 초에 KBS로의 두 번째 도전에서 합격의 영광을 거머쥐었다.

그녀의 남다른 점은 될 때 까지 하는 근성이었다. '초딩'처럼 마른 몸집이었던 그 시절, 그녀는 한 번 치르면 남자들도 3~4킬로는 살이 빠진다는 최종 시험의 불합격 통지를 받고 이틀 후면 다시 스피치랩을 찾아와 "아, 에, 이, 오, 우"를 외치고 있었다. 의지의 지망생 박소현이었다.

바로 이런 근성 때문일까? 그녀의 소리는 그 누구보다 시원스럽고 우렁차다. 그래서 그녀의 발음이 그 누구보다도 완벽하다고 생각했다. 앞서 설명한, 그녀가 남기고 간 샘플 테이프를 들어보면 인공지능 아나운서처럼 완벽하다는 인상을 받곤 한다. 그때는 어쩌면 인간적인 면이 덜 느껴져서 최종에서 계속 낙방한 것이 아닌가 하는 생각이 들 정도였다.

마침내 합격을 거머쥔 시험에서는 재미있는 일화가 있었다. 심사위원의 질문에 답변을 하지 못했는데도 합격 통보를 받은 것이다. 그녀는 처음 받은 두 질문을 전혀 예상치 못해 답변을 하지 못했다고 했다. 시험을 망쳐버렸다는 생각이 들자 마음의 긴장이 풀어졌다. 편안한 상태에서 대충(?) 시험에 응한 것이 도리어 자신의 매력을 드러내게 된 게 아닌가 싶다. "너무 잘하려고 하지 않고 긴장을 조금 내려놓으니 풀리네요"라던 그녀의 말이 바로 합격 비결일 것이다.

노력형 아나운서의 미래를 기대하며

어쨌든 그녀는 KBS로의 두 번째 도전을 거쳐 꼭 1년 만에 아나운서가 됐다. 그녀의 합격기는 지난 20년 동안 스피치랩을 거쳐 간 수많은 지망생들 중에서도 가장 모범적인 사례가 아닌가 싶다. 누구보다도 열심히 노력해 아나운서로서의 기본기를 완벽히 갖추었던 그녀의 성장 과정은 다른 지망생들에게 본보기가 될 만하다. 마치 그녀가 남긴 뉴스 리딩 샘플처럼 말이다.

그녀의 개인기는 아이돌 그룹의 춤과 노래였다. 대학 시절 댄스 동아리 활동을 해서 그런지 깜찍했던 기억이 난다. 그리고 또 한 가지, 크리스티나 성대모사가 정말 '빵 터지는' 것이었다. 그녀가 "박소현이 KBS 아나운서가 되었으면 좋겠어요" 라고 말하면 웃지 않는 사람이 없었다. 이런 소소한 개인기 외에도 영어로 하는 평창올림픽 오프닝 세리머니 멘트 준비도 완벽했다.

이렇듯 박소현은 본 시험부터 소소한 개인기까지 완벽하게 준비했다. 그리고 그 결과 지난 1년의 실패를 이겨내고 마침내 2015년 KBS 아나운서가 되었다. 입사 후엔 〈도전! 골든벨〉을 진행하더니, 지금은 그녀에게 가장 어울린다고 생각하는 9시 뉴스의 주말 앵커로 활약하고 있다. 시원스런 목소리, 속이 꽉 찬 신뢰감 가는 발성, 막힘없는 발음으로 그녀만의 뉴스 진행을 선보이고 있다.

이 노력형의 완벽한 아나운서의 미래 설계도는 무엇일까? 아나운서로서 성장해나가는 그녀의 미래가 얼마나 완벽하게 펼쳐질지 궁금하다.

망설임은 그만,
이제는 도전할 때

내가 바라는 당신의 모습

라디오와 TV를 듣고 보다 보면 방송을 하는 사람들은 무조건 많이 알아야 한다는 걸 깨닫게 된다. 특히 아나운서는 깊게는 아니더라도 넓게, 많이. 다시 말해 세상사 돌아가는 모든 것을 알아야 한다.

아나운서는 뉴스 진행자뿐만이 아니라 MC, DJ, 내레이터 등 모든 방송 분야에서 역할을 해내고 있다. 요즘은 심지어 개그맨이나 배우들의 영역인 개그나 연기까지 하고 있어 말 그대로 아나운서의 멀티플레이어 시대라고 해도 과언이 아니다.

좀 더 세분화, 전문화를 강조하자면 뉴스는 기자가, 오락 프로그램은 연기자나 개그맨이, 시사 토론 프로그램은 기자나 전문가가, 교양 프로그램은 해당 전문 분야의 박사나 교수 등 전문가 그룹만이 해낼 수 있겠지만, 반대로 생각하면 아나운서들이 좀 더 공부하면 어느 분야든 거뜬히 매끄럽게 진행할 수 있기 때문에 각 영역에서 더 두각을 드러낼 수 있을 것이다.

요즘 들어 아나테이너, 아나듀서 등 아나운서들의 영역이 새롭게 넓혀지는 것처럼 말하지만, 실은 이전부터 아나운서의 영역에 관한 논란은 많이 있어 왔다. 계속되는 아나운서 영역의 다변화를 감안한다면 아나운서 지망생들은 좀 더 폭넓은 준비를 해야 할 것이다. 세상 이슈에 촉각을 곤두세우고 신문, 잡지, 전문 서적, 방송 등을 많이 읽고 보고 들으며 철저히 준비해야 한다.

아나운서 지망생들이여, 나는 당신이 이런 사람이었으면 좋겠다.

매우 상식적인, 매사에 호기심이 많은, 책을 많이 읽는, 전시회를 순회하는, 공연이란 공연은 다 섭렵하는, 영화란 영화는 다 꿰뚫고 있는 그런 멋쟁이였으면 좋겠다. 틈만 나면 여행을 떠나고 세상 친구들이 다 내 친구인 듯 살아가는 글로벌한 친구였으면 좋겠다. 세상 이슈에 촉각을 세우며 토론에도 강한 사람이었으면 더더욱 좋겠다. 인적 네트워크도 넓었으면 좋겠고, 음식이나 취미, 여행, 미술, 박물관, 인형, 명품, 패션 등등 여러 분야에 관심과 호기심이 마니아 수준으로 높았으면 좋겠다. 왜냐하면 방송은 이 모든 것을 수용하고 무엇이든 다 받아들이는 블랙홀과 같은 것이기 때문이다.

아나운서 지망생이라면 일찍이 모든 분야에 대한 관심과 호기심을 실생활은 물론 인터넷, 전문 서적, 잡지, 신문, 방송에서 익히고 보고 듣고 하면서 자신의 마음속의 자양분을 가득가득 채우는 작업들을 열심히 해야 한다. 이러한 자양분들은 하루 이틀, 1년, 2년에 쌓이는 것이 아니다. 어린 시절부터 학창 시절, 청소년 시절을 거쳐 대학 시절에 이르기까지 오랜 기간 축적된 교양과 지식이 멋진 콘텐츠가 되어야만 그것이 그의 생각으로, 그의 언어로 녹아 나올 수 있다.

아나운서 시험이 그렇게 복잡하고 까다롭고 힘든 5단계, 6단계 과정으로 구성되어 있고, 심지어는 일주일 인턴 과정까지 도입하고 있는 것은 바로 이 때문이다. 지원자의 두뇌와 가슴속에 들어 있는 콘텐츠를 속속들이 알아내자면 좀 더 까다로운 심사를 거쳐야만 하기 때문이다.

치열한 도전, 더 멋진 사람으로 거듭날 당신에게

어느 사수생 여성 지원자는 최종 면접까지 수차례 올라 갔지만 아쉽게도 합격의 행운을 거머쥐지 못했다. 어느새 29살이 된 그녀는 언제까지고 안정적이지 못한 제2선의 케이블 방송사에 머물 수도 없어서 대기업 금융기관에 지원 했다. 군대에 다녀온 남성도 아닌 여성이, 그것도 늦은 나이 에 신입사원으로 합격할 수 있을까라는 의구심을 가지고 시험을 치렀다. 그런데 그녀는 합격했다. 기쁨 반, 아쉬움 반 으로 입사한 그녀가 왜 자신을 합격시켰냐고 물으니, 자기 소개서와 이력 사항을 보고 일찌감치 낙점해두었다는 사장 님의 답변을 들을 수 있었다. "이런 이력과 자신 있는 자기 소개면 두말할 것도 없이 쓸모 있는 인재이니 나이에 상관 없이 뽑아야 한다"고 주장했다는 것이다. 비록 방송가에서 는 선택받지 못했지만 지금 그녀는 다른 분야에서 최고의 인재로 인정받으며 신나게 살고 있다.

최고로 까다로운 시험이라고 할 수 있는 아나운서 시험을 치르는 과정에서 모름지기 갖추게 되는 수많은 조건들은 여러분이 다른 분야에 도전할 때에도 큰 도움을 줄 것이다. 그러니 스스로를 단련하고자 하는 젊은이라면 망설이지 말 고 아나운서 시험에 도전해보길 권한다.

부록

아 나 운 서 　 　 멘 토 링

부록 01

지상파가 목표!
지상파 3사 입사 전략과 팁

언론고시라는 타이틀이 붙어 있는 입사 시험인 만큼, 아나운서 공채 시험을 준비하는 지망생에게는 정확한 정보와 전략이 필요하다. 10년 이상을 아나운서 시험에 관여해 수많은 지원자들을 옆에서 돕고 진두지휘를 하다 보니 나름 팁도 생기고 전략이란 것도 생기게 되었다. 아나운서 시험은 열심히 포기하지 않고 하다 보면 노하우가 쌓이기도 하고 도저히 될 것 같지 않은 경우도 성공으로 이어지기도 한다. 여기서는 서류 작성에서부터 1차에서 3차에 이르는 실기 시험과 필기 시험, 인턴 과정, 합숙, 그리고 최종 면접까지의 준비 과정과 전략들을 정리해 모아보았다.

우선 2000년대 들어서면서, 지상파 3사를 비롯한 방송사들의 입사 과정에 변화가 일고 있다. 참신하고 창의성 있는 인재를 선발하고자 하는 방송사의 의지가 담긴 크고 작은 변화들이 시험 과정에서 나타나고 있는 것이다.

그중 대표적인 것이 인턴 과정이다. 5단계, 6단계의 선발 과정에서도 성이 안 차는지, 새롭게 등장한 이 인턴 과정이란 것이 시험에서 큰 변수가 되고 있다.

2007년도 SBS 신입 공채에서 있었던 5일간의 인턴 과정을 살펴보면 다음과 같다. 지원자는 5일 동안 오전 8시에 출근해 퇴근 시간까지 근무하며 각 제작부, 보도부, 아나운서부에서의 철저한 검증 과정을 거쳤다. 그러면서 방송사는 이들의 방송 능력은 물론이고 사람 됨됨이까지 세세히 파악했다. 빡빡한 일정 가운데서도 어떤 모습으로 일하고 대처하는지, 어떤 표정을 짓고 지내는지, 누가 일찍 오는지, 늦게 나오는지 등 모든 것을 다 살펴보는 것이다. 방송 현장에 투입되어 직접 방송에 참여하면서 여러 분야의 프로그램을 어떻게 소화해내는지 보는 것은 물론이다.

MBC도 2007년도 시험에서 2일간의 인턴 과정이 있었다. 아침 일찍 출근해 늦게 퇴근하는 동안 방송 능력은 물론 수험생의 일거수일투족 하나하나를 심사했다.

이렇듯 방송사들의 채용 과정에서 변화의 바람이 일고 있다. 인성과 능력을 함께 철저히 검증하겠다는 의지가 엿보이는 대목들이다.

필기 시험에서도 변화가 있었는데, 상식 시험을 과감히 생략하고 글쓰기(논술, 작문)와 한국어 능력을 검증하는 한국어능력시험을 강화한 KBS의 변화가 눈에 띈다. 아직 MBC는 기존 방식대로 필기 시험에 상식과 논술을 내세우고 있고, SBS도 기본적인 상식과 글쓰기를 강조하고 있으나 상식 시험의 비중은 점차 줄어드는 추세다.

이런 변화의 소용돌이 속에서 이 변화를 어떻게 받아들이고 잘 준비해가야 할 것인지, 각 언론사별로 정리해 시험을 준비하는 지망생들에게 도움을 주고자 한다.

우선 변화의 바람이 거센 KBS의 채용 제도에 대해 개괄적으로 알아보고, 각 방송사 아나운서 입사 과정에 대해 좀 더 세밀히 들여다보기로 하자.

■ KBS의 채용 제도

KBS는 2003년과 2005년에 '열린 채용 제도'를 도입하는 데 주력했다. 2003년에는 지역할당제와 지역권 채용을 시도했고, 2004년에는 연령 제한을 폐지하고 한국어능력 시험을 도입했다. 2005년에는 학력 제한도 폐지했다.

2006년부터는 전 분야에 걸쳐 필기 시험을 강화하고 있다. 각 전형 단계에서 블라인드 면접을 실시하기 때문에 사장도 최종 면접에서 지원자의 이력 사항을 모른다.

과거와는 달리 각 전형 단계에서는 단계별 점수가 누적되지 않는다. 각 단계는 제로 베이스에서 성적이 매겨진다고 보면 된다.

자기소개서 작성

KBS의 자기소개서 항목은 8개이며, 400자 이내로 적으면 된다. 항목 내용은 KBS에 도전하는 나의 인생관, 내 인생의 전환점, 나만의 개성과 특징, 교내외 활동 경험과 직장 경력, 나의 인간관계, 나의 도덕성과 윤리 의식, 못다 한 나의 이야기 등이다.

자기소개서는 솔직하고 진솔하게 기재해야 한다. 허위, 과장된 내용은 5단계 전형에서 거의 드러나기 때문이다.

자기소개서는 심사위원들이 전부 읽어본다. 그래서 여기에 쓰인 내용이 2차, 3차, 합숙, 최종 면접의 질문 사항이 된다. 그러므로 질문 받고 싶은 내용을 정리해서 내면 된다.

그리고 영어 시험의 유효기간은 2년이다. 외국에서의 토익 시험 성적은 일본 것만 인정된다. 1차 서류 평가에서 한국어능력시험, 대학 성적 등의 절대적 커트라인은 없다. 세가지를 일정한 비율로 합산해 평가한다.

아나운서 입사 과정

아나운서 분야는 서류 전형 대신 지원자 전원에 대한 카메라 테스트를 실시한다. 매년 1,000명에서 1,500명이 지원해 1차에서 10% 이내만 통과된다.

아나운서 직종은 필기 시험 때 한국어능력시험과 토익, 필기 시험 성적 등을 일정 비율 반영한다. 매년 반영 비율은 조금씩 다르지만 한국어능력시험을 조금 더 높게 반영한다. 신뢰감 있는 용모가 다른 직종보다 더 요구되는 점이 약간 차이가 있다.

2차는 필기 시험이다.

3차 실무 능력 평가에서는 카메라 테스트, 실무 면접 등을 통해 음성과 카메라 적합도 등을 평가한다.

4차 합숙 평가에서는 1분·3분 스피치, 리포팅, 가상 인터뷰, 토론 등을 중심으로 평가한다.

최종 면접에서는 한 사람당 30분 내외의 시간을 두고 면접을 실시한다.

다음은 지상파 3사의 아나운서 시험 과정을 정리한 것이다(해마다 약간씩 달라질 수 있다).

■ KBS 아나운서 입사 과정

1차_카메라 테스트

카메라 테스트를 통해 지원자 전원의 아나운서로서의 가능성을 판별하는 테스트다. 최근 수년간 1차로 남자 400~500명 정도, 여자는 900~1,000명 정도가 지원하고 있다.

평가 방식은 20초 정도 길이의 뉴스 원고를 2문장에서 3문장 정도 카메라 앞에서 읽는 것이다.

평가 항목은 목소리의 호감도, 발음의 명료성, 사투리 사용 여부, 전달 능력 등이며, 비디오 화면상의 이미지가 호감이 가는가, 선한가, 신뢰감이 가는가 등에 기초를 두고 판단한다.

정통 뉴스를 지향하는 KBS의 특성 때문인지 뉴스 원고만 주고 평가를 진행한다.

심사위원은 아나운서 외에 PD, 기자, 가수 등 다양한 분야의 사람들이 참여하며 심사위원 연령층이 MBC에 비해 높은 편이다.

1차 합격률이 5~6%에 불과할 정도로 매우 적은 인원만 통과하기 때문에 제일 힘든 과정이다.

2차_필기 시험

지원자의 지식, 학습 능력, 한국어 능력 등을 종합 평가한다. 평가 항목으로는 공통 논술, 아나운서 논술, 작문, 시사 상식이 있다.

논술은 5장의 시험지를 가득 채워야 하므로 매우 빠르게 진행해야 한다는 얘기가 있다.

논술은 논리성에, 작문은 창의성에 핵심이 있다.

이 단계에서는 한국어능력시험도 중요한 평가 요소가 된다.

시사 상식 점수보다는 논술, 작문의 비중이 더 높은 것으로 알려져 있다.

3차_합숙 평가

지원자의 사회성과 창의성, 방송 인성 등을 종합 평가하는 단계로 방송인으로서의 역량을 핵심 부서의 실무진으로부터 평가받는 중요한 단계다.

평가 방식은 수원 KBS센터에서 1박 2일간의 합숙을 통해, 카메라 테스트, 토론, 인터뷰 원고 작성, 면접, 인적성 검사, 뒤풀이로 진행된다. 토론은 2개 조로 나뉘어 진행된다.

인터뷰 원고는 다음날 개별 질문 형식으로 평가된다.

3차 합숙은 방송인으로서의 자질을 실질적으로 평가하는 단계라고 생각하면 된다.

토론 등을 통해 개인의 커뮤니케이션 능력과 지적 능력 등을 판단하고, 뒤풀이에서는 개인의 사회성, 사교성, 조직 적응도를 평가하는 중요한 단계다.

합숙 훈련은 매순간 평가가 진행되므로 긴장감이 조성된다. 그처럼 긴장된 경쟁 속에서도 지원자는 자신을 잘 통제하는 모습을 보여줘야 한다. 창의성에 집착해 너무 튀면 오히려 역효과가 날 수도 있다. 조원들 간에 조화를 이끌어내는 리더십을 발휘하는 것이 중요하다.

※ 최근 KBS 합숙 훈련은 1일 근무 평가로 전환되기도 했다.

4차_최종 면접

사장 및 임원들이 면접하는 최종 단계로, 임원들과 아나운서 팀장, 한국어 팀장이 면접에 참여해 한 사람당

20~30분간 질의응답하는 방식으로 진행되며, 인생관과 사회관 등 개인에 관련된 사항을 묻는다.

4차 최종 면접에서는 사실상 모든 당락이 결정된 상황인 만큼 담담하게 임할 것을 조언한다. 기본적으로 임원진은 보수적이라는 사실을 이해하고, 전통적인 아나운서상에 대한 향수를 갖고 있다는 점을 상기해야 한다.

■ MBC 아나운서 입사 과정

1차_카메라 테스트

카메라 테스트를 통해 지원자의 아나운서로서의 가능성 여부를 판단한다.

진행 방식은 뉴스 원고와 MC, DJ, 내레이션으로 구성된 원고 가운데 심사위원이 즉석에서 선택해 리딩 테스트를 진행한다. 10명이 한 조가 돼 선 채로 시험을 치른다.

이 단계의 평가 항목은 목소리의 호감도, 발음의 명료성, 신뢰감을 주면서 선한 이미지를 갖고 있는지 등이다.

이 단계에서는 다양한 장르의 원고를 제시하기 때문에 평소 분야별 프로그램에 대한 별도의 준비가 필요하다.

1차 카메라 테스트에서는 프롬프트를 사용한다. 지원자

중에는 기계 사용에 대한 부담이 있거나 프롬프트를 이용한 원고 리딩에 익숙지 않은 경우가 있을 것이다. 그러나 이때는 당황하지 말고 최대한 여유 있고 자연스럽게 원고를 읽는 것이 중요하다. 편안하고 유연한 리딩이 1차 관문의 통과 여부를 결정한다.

여기서 1,500~2,000명의 지원자 중 보통 10% 정도의 인원이 걸러진다.

2차_필기 시험

MBC 필기 시험은 지원자들 사이에 어렵기로 소문이 나 있다.

2차 필기 시험은 지원자들의 지적 능력과 학습 능력 등을 종합 평가하는 과정으로, 방식은 작문, 시사 상식 부분의 테스트를 거치게 된다. 논술은 기자만 보는 것인지를 확인할 필요가 있다.

MBC는 상식 시험이 어렵다고 하지만, 해마다 난이도가 다르다.

3년 정도의 시사 흐름에 대해 맥을 짚고 있어야 한다.

3차_면접

아나운서의 자질과 능력을 평가하기 위한 심층 면접 단계라고 할 수 있다. 지원자가 2명씩 들어가 5명의 심사위원들로부터 질문을 받는다.

평가 항목은 뉴스 리딩(예습 시간을 주지 않는 무예독), 돌발질문, 즉흥 MC, 즉흥 리포팅 등이다.

3차 면접에서는 아나운서 국장이 직접 면접에 나오므로 MBC 아나운서국의 특성을 잘 숙지해야 한다는 점을 잊지 말아야 한다. 그리고 실무진의 면접이므로 MBC 프로그램에 대한 내용이나 상황들을 잘 파악하고 있어야 한다. 돌발질문 등 난처한 상황에서는 유연하게 대처해야겠지만 쉬운 질문이라고 해서 단답형으로 답변하는 것은 금물이다.

답변은 1분 이내로 간결하고 명쾌하게 해야 한다. 장황하게 이어질 경우, 심사위원들이 지루하게 여길 수 있다.

4차_합숙 면접

지원자의 사회성과 창의성, 방송 인성 등을 종합 평가하는 단계라고 볼 수 있다.

8명이 한 조가 되어 진행하는데, 평가 항목은 작문, 조별 시사 토론, 임기응변 토론 등을 치르게 된다. 이 단계에서의 포인트는 창의성을 중요하게 생각한다는 점이다. 그러나 창의성에 집착해 너무 튀면 부정적으로 작용할 수 있다.

무엇보다 조원들 간의 조화를 이끌고, 리더십을 발휘하는 것이 중요하다. 그래서 지원자의 사회성, 조직 적응도 등 인성 부분이 중요한 요소로 부각된다.

5차_최종 면접

임원진 및 사장이 면접에 참여하는 최종 단계다.

지원자의 자기소개서를 바탕으로 인생관 및 사회관, 개인적인 부분에 관한 질문을 받는다. 이미 앞선 과정에서 능력이나 자질에 대한 평가 결과가 나와 있는 마지막 단계인 만큼 담담하고 차분하게 면접에 임하도록 한다. 기본적으로 임원진들은 보수적이지만 MBC는 SBS보다 진보적인 성향이 강하다는 점을 염두에 둬야 한다.

■ SBS 아나운서 입사 과정

1차_카메라 테스트

서류 전형 없이 치러지는 1차 카메라 테스트에는 보통 2,000여 명이 지원한다.

1차 카메라 테스트에서는 약 10% 정도가 걸러지며, 지원자의 아나운서로서의 가능성 여부를 판단해 선정한다. 뉴스 원고와 MC, DJ, 내레이션 원고 중 심사위원이 지정한 원고를 읽게 되며, 목소리의 호감도, 발음의 명료도, 신뢰감 가는 선한 이미지를 바탕으로 선발한다.

1차 카메라 테스트에서의 핵심은 밝고 자신 있는 표정이다. 그리고 카메라 앞에서 당당하게 행동하는 것도 중요하다.

2차_필기, 실무 능력 평가

필기 시험은 일정 수준의 학력에 미달하는 지원자를 걸러내는 과정이다. 평가 항목은 한국어능력시험, 논술, 작문으로 방송사 지원자들 사이에선 SBS 필기 시험이 가장 평이하고 쉬운 편이라고들 한다.

2007년도 문제는 '아나운서'로 4행시 짓기와 '인터넷 실명제, 익명성'에 관한 논술, 그리고 '내 인생의 순간 포착은 무엇이었나'에 관한 작문이었다.

그러므로 자기소개서를 많이 써보는 것이 작문에 도움이 된다는 점을 기억해야 한다.

3차_면접

아나운서의 자질과 능력을 평가하기 위한 심층 면접 단계로 방송 핵심 실무진이 심사위원으로 참여한다.

면접은 3차에 오른 40명 정도의 지원자가 5명씩 심사위원 앞에 선 채로 진행된다.

평가 항목은 일반적인 면접, 무예독 뉴스 리딩, 가상 프로그램 진행, 장기자랑 등이다.

이 단계에서 유의할 핵심은 자신을 소개할 수 있는 개성 있는 멘트를 준비하고, 황당한 질문에 당황하지 말고 순발력 있게 잘 대처해야 한다는 점이다.

네거티브 질문은 지원자를 떨어트리기 위한 돌발 질문이므로 이에 잘 대응해야 한다. 3차 면접은 흔히 '기싸움'이라고 표현한다. 다시 말해 자신감이 제일 중요하다는 것이다.

(예를 들어 뉴스 리딩, 별명에 대해 말하라, 아무 토크쇼나 진행해보라, 장기자랑 등)

4차_면접(경우에 따라 1박 2일 또는 2박 3일 합숙)

지원자 가운데 SBS에 맞는 아나운서를 선발하는 과정이다. 4차 면접에 오른 10명의 지원자들 각자의 개성과 특성을 파악한다.

이때 지원자는 심사위원의 질문에 창의적으로 당당하게 답변해야 한다.

(예를 들어 자기소개, 〈야심만만〉 등의 TV 프로그램 진행, MC 진행 등)

5차_종합 평가

지원자의 사회성, 협조성 그리고 SBS 특성에 대한 적응도를 평가한다.

살아남은 4명의 지원자들은 인턴 형식으로 5일간 SBS에 출근해 각 부서에 흩어져 근무하며 방송인으로서, 또 직장인으로서의 능력과 자질을 점검받게 된다.

평가 항목은 노래방, 토론, 대형 MC, 라디오 DJ 등 실전 성격의 평가를 받게 되며, 방송 능력보다는 사람의 됨됨이를 본다. 즉 사람들과 잘 조화를 이루는지 등을 보는 것이다.

이 단계에서는 지원자 간의 능력은 백지 한 장 차이라고 보고 인성을 집중 파악하는 데 역점을 둔다. 출근 시간, 인사성, 사교성, 겸손함 등 사소한 사항에서 평가가 엇갈린다.

6차_임원 평가

기존의 평가를 바탕으로 임원진들에게 최종 결재를 받는 단계다.

이미 등수는 정해져 있는 상태에서 확인을 받는 절차다.

임원들이 지원자를 상대로 인생관과 사회관 등을 질문한다. 당락이 사실상 결정된 상황인 만큼 지원자는 진실된 태도로 임하는 것이 좋다.

SBS는 상업 방송인 만큼 임원진들의 성향이 보수적이고 안정 지향적일 수 있다는 점을 염두에 두고 답변해야 한다.

※ 최근 SBS 아나운서 공채는 격년제로 치뤄지고 있다.

부록2
아나운서에 대한
오해와 진실

하나, 아나운서는 예쁘고 봐야 한다?

아나운서들의 외모가 평균적인 기준보다 다소 높은 것은 사실이지만, 외모가 당락에 결정적인 영향을 주는 것은 아니다. 실제로 아나운서 시험 지원자들 가운데는 탤런트 뺨치는 외모를 가진 사람들도 많지만 그런 사람들이 최종까지 가는 경우는 의외로 적다.

외모 측면에서의 아나운서 선발 기준은 '얼마나 잘생겼느냐' 하는 것보다는 '얼마나 편안하게 대중에게 다가갈 수 있느냐' 하는 것이다. 아무리 잘생긴 얼굴이라도 화면에서는

시청자들에게 거부감을 줄 수도 있고, 평범하게 생긴 얼굴
이라도 화면에서는 호감을 줄 수 있기 때문이다.

아나운서의 외모를 이야기할 때 또 하나 빠지지 않는 화
제가 얼굴의 크기다. 얼굴이 큰 사람보다는 작은 사람이 소
위 말하는 '화면발'을 더 잘 받는다. 하지만 얼굴이 큰 사람
이라도 메이크업이나 헤어스타일 그리고 의상 등으로 조절
하면 화면에 잘 어울리게 만들 수 있다. 따라서 외모가 아나
운서 시험의 당락에 결정적인 영향을 미친다고 생각하는
것은 지나친 선입견이다.

둘, 아나운서는 '말발'로 먹어준다?

머릿속에 생각하는 것을 조리 있게 말로 다 표현해내는
경우 소위 말발이 세다고 할 수 있다. 하지만 아나운서라는
직업은 그런 것이 아니다. 아나운서의 역할은 하고 싶은 대
로 다 말하는 것이 아니라 절제된 언어를 사용해서 프로그
램을 이끌어가는 것이므로 '말발'과는 상관이 없다. 아나운
서에게 필요한 것이 '말발'이라면 대한민국의 모든 개그맨
이 아나운서여야 하지 않겠는가?

아나운서가 프로그램을 진행하는 데 있어서 원고에 없는
애드리브를 하는 경우는 그렇게 많지 않다. 또 애드리브를

하는 경우에도 센스와 재치의 영역이지, 말싸움의 영역은
아니다. 센스 있는 진행, 재치 있는 진행과 '말발'과는 상관
이 없는 것이므로 '아나운서는 말발로 먹어준다'는 말은 성
립이 안 된다.

셋, 연예인처럼 끼가 넘쳐야 한다?

2008년 MBC 신입 사원 선발 시험에서 광고 모델 출신
의 연기자가 아나운서로 발탁된 적이 있다. 여기서도 알 수
있듯이 연예인으로서의 '끼'가 있으면 아나운서가 되는 데
분명히 도움이 된다.

하지만 반드시 그래야 하는 것은 아니다. 아나테이너라고
불리는 요즘의 아나운서에게는 엔터테이너의 자질 가운데
하나인 연예인으로서의 끼도 필요하기는 하다. 그러나 그
역시 아나운서에게 필요한 다양한 영역들 가운데 하나일
뿐이지, 전부는 아니다. 오히려 아나운서에게 필수적인 것
은 '아나운서로서의 재능'이다.

넷, 일류 학교 출신이 아니면 꿈도 꾸지 마라?

요즘 몇몇 서울대학교 출신의 아나운서들이 유명해지고
아나운서 경쟁률이 엄청나다 보니 일류 대학 출신이 아니

라면 아나운서가 되지 못한다고 생각하는 사람들이 많은 것 같다. 아나운서와 학벌 문제는 한마디로 말하긴 어렵지만 유명한 아나운서들 중에는 일류 대학 출신이 아닌 경우도 많다. 요즘 불고 있는 아나운서의 전문화 바람 역시 학벌과는 거리가 멀다. 예를 들어 예능 프로그램에 적합한 아나운서를 뽑을 경우 학벌보다는 지원자가 가진 엔터테인먼트적인 요소가 당락에 결정적인 영향을 미치게 된다. 또 스포츠 중계 전문 아나운서를 뽑을 경우 스포츠 중계에 적합한 목소리와 관련 지식, 스포츠에 대한 열정 등이 당락에 결정적인 영향을 미치게 된다.

결국 아나운서 시험에서의 당락은 지원자의 학벌보다는 개인이 지닌 역량이 가장 중요한 요인이므로 본인이 그런 역량을 가지고 있다고 여겨진다면 출신 학교에 상관없이 용감하게 도전하기 바란다.

다섯, 언론 및 영상학과 출신이 절대적으로 유리하다?

아니다! 물론 언론 및 영상학과 출신이 아나운서 시험에 유리한 점도 있다. 그러나 반드시 그렇지는 않다. 현직 아나운서들의 전공을 분석해보면 언론 및 영상학과 출신은 전체의 10% 미만에 불과하다. 하지만 언어 관련 학과, 언론이나 영상 관련 학과, 철학이나 미학 관련 학과, 경영이나 경제 관련 학과 등의 출신자가 많은 것을 고려하면 예체능계나 이공계 출신의 지망생보다는 인문계 출신의 지망생이 유리한 것처럼 보이는 것이 사실이다. 그러나 궁극적인 문제는 학과나 전공이 아니라 개개인의 실력이다.

그보다 중요한 것은 시험을 보는 과정에서 자신을 아나운서에 적합한 인물로 어필하는 것이다. 무용과 출신이 아나운서가 된 경우도 있다. 언론 및 영상학과 출신이 아니더라도 아나운서에 적합한 사람이 있을 수 있고, 이공계 출신이 훌륭한 아나운서가 될 수도 있다. 한마디로 말해 언론 및 영상학과 출신이 아니라고 아나운서의 꿈을 접을 필요는 전혀 없다는 것이다.

여섯, 인턴이나 자격증 등 경력이 화려해야 한다?

방송사 등에서 매년 정기적으로 실시하는 아나운서 공채 시험은 어디까지나 신입 사원을 뽑는 행사다. 아나운서로서의 적합한 자질과 능력을 갖춘 사람을 뽑아서 교육을 통해 아나운서로 육성하는 것이 목적이다. 따라서 이 시험은 지원자들의 경력이 아니라 자질과 능력을 보는 시험이다. 지원자가 자질과 능력을 갖추었다면 다른 분야에서의 경력이 있고 없고는 문제될 것이 없다. 지원자의 다양한 경력은 경력 사원을 뽑는 데는 필수적인 고려 사항이겠지만, 신입 사원을 뽑을 때는 참고 사항에 불과하다.

그러나 경력이 있는 사람은 자신의 경력을 면접 단계에서 적극 활용해 부각하는 계획을 세우고 실행할 필요가 있다. 이런 계획의 수립과 실행에 관해서는 가급적 전문가들의 도움을 받는 것이 좋다.

일곱, 성형수술은 필수다?

성형수술의 힘은 인정한다. 한국 의사들의 성형 기술이 뛰어난 덕분인지 자신의 원래 얼굴이 웬만하면 대부분이 성형 후에 미남 미녀가 된다. 그래서인지 동일한 메이크업과 복장으로 심사를 하자는 주장이 회사 측에서 나오기도 하는데, 여기에는 지망생들 사이에 빈부의 차이를 없애자는 의도도 있지만 성형 미인을 골라내자는 의도도 있다. 한마디로 성형 미인은 회사에서도 거부한다는 것을 알아야 한다. 다만 99% 정도 준비가 되었는데 1%가 부족해서 화면에서 밀릴 경우, 얼굴의 작은 결점을 보완해서 화면에서 이미지가 살아난다면 지망생에게 성형을 하라고 권하기도 한다. 그러니 성형은 필수가 아니라 선택이다.

여덟, 해외 어학연수는 필수 코스다?

해외 어학연수에는 두 가지 목적이 있다고 할 수 있다. 하나는 해당 외국어를 현지에서 배우는 것이고, 또 하나는 견문을 넓히는 것이다. 따라서 어떤 지원자가 해외 어학연수를 했다고 한다면 심사위원은 그 지원자가 해당 외국어를 잘하고 외국 문물에 대한 지식을 갖추고 있다고 본다. 이런 점에서 볼 때 해외 어학연수는 아나운서 시험에 상당히 긍정적인 요소로 작용할 수 있다. 하지만 형식적인 해외 어학연수는 오히려 독이 될 수도 있다. 심사위원이 외국어 실력을 테스트한다든지 연수 생활에 대해 물었는데 제대로 응답하지 못한다면 오히려 감점 요인이된다. 그러므로 해외 어학연수를 간다면 열심히 배워둘 필요가 있다.

요즘 대기업들은 신입 사원을 뽑을 때 국제적인 마인드를 가진 사람을 선호하는 경향이 있으며, 방송사들도 이런 추세를 따라가고 있다. 아나운서가 프로그램 제작을 위해 외국으로 출장을 갈 때에는 기본적으로 현지에서 활동하는 한국인 통역을 고용하지만 아나운서가 해당 지역의 문물을 잘 알고 그 나라 말도 유창하게 구사하면 통역이 필요 없으니 말이다.

아홉, 결국 합격은 '빽'에 달렸다?

시험 때마다 "누구는 무슨 빽이 있어서……" 하는 소리가 나돌지만 천만의 말씀! 1,000명에서 2,000명 가운데 1명을 뽑는, 더구나 방송의 전면에 나서는 아나운서를 뽑는 데 '빽'이 작용할 것 같은가.

만일 어떤 지망생이 '빽'으로 4~5차나 되는 관문들을 모두 통과하고 아나운서가 된다고 해도, 실력은 금방 드러나기 마련이다. 이런 사정을 아는 PD들은 자신의 프로그램에 쓰지 않으려고 하니 결국 중도에 그만둘 수밖에 없다. 대중에게 잘 알려진 현직 아나운서들의 경우 한 명도 예외 없이 100% 공정한 경쟁을 통해 선발됐다. '빽'이 작용한다는 것은 워낙 높은 경쟁률 때문에 나온 소리라고 보면 된다.

열, 돈이 엄청나게 많이 든다?

아니다. 오해일 뿐이다. 일대일 개인 지도 등으로 고액의 개인 교습을 받는 경우도 있지만 이 경우는 0.1%도 안 된다. 한마디로 말해 돈 많은 사람이 돈 들이려면 얼마든지 쓸 수도 있겠지만 그렇다고 성공하는 것은 아니다. 반대로 돈을 절약하려면 얼마든지 아낄 수 있다. 시험을 위한 의상의 경우 꼭 필요한 경우에 한해서 50만 원 정도로 충분히 해결

할 수 있고 메이크업도 본인이 전문가로부터 배워서 직접 할 수 있다. 지망생의 경제 사정에 따라 수강료를 할인해주 거나 아르바이트 자리를 연결해주기도 하므로 잘 알아보지 도 않고 돈이 많이 든다는 선입견을 가질 필요는 없다.

열하나, 독학으로도 합격할 수 있다?

가능하긴 하다. 예를 들어 TV 뉴스 시간에 앵커가 하는 것을 보면서 원고를 만든 다음 따라하고, 학교 선배 중에 현 직 아나운서가 있으면 그를 찾아가 정보를 얻고, 학교나 아 나운서 지망생들이 모여서 만든 스터디에 가입해 필기와 실기를 준비하면 된다.

그러나 이 경우에는 한계가 있기 때문에 본인이 정말 뛰 어난 경우라야 성공할 수 있다. 자신이 보석이 될 수 있는 원석이라면 비슷비슷하게 보이는 지망생들 가운데서 돋보 일 수도 있고 심사위원들도 원석을 알아보는 안목이 있으 므로 아나운서로 발탁될 수 있는 것이다. 하지만 그런 경우 가 아니라면 정보, 전략, 노하우를 두루 제공해주는 아나운 서 관련 학원 등에서 준비하는 편이 좋다.

부록3

아나운서의
비디오 이미지 컨설팅

예전에 아나운서에게 요구되는 것은 예의 바르고 착한, 그리고 교양이 넘치는 지성이었다. 다시 말해 어른들이 좋아하는 타입인 맏며느리 같은 이미지가 주요한 합격 포인트였던 것이다.

그러나 디지털 시대에 들어서면서 이러한 이미지와는 전혀 다른 아나운서들이 속속 등장하기 시작했다. 이유는 간단하다. 뉴스와 몇 가지 프로그램의 MC 또는 DJ 등을 맡아 제한된 영역에서 활동해왔던 아나운서들이 이제는 모든 프로그램 영역에서 종횡무진 활동하게 되었기 때문이다. 따라서 연예인과 같은 외모와 끼로 뭉친 아나운서들이 하나둘 등장하고 있는 것이다. 물론 이러한 점 때문에 아나운서의 연예인화가 문제시되고는 있지만, 우리는 이미 비주얼 시대에 살고 있지 않은가. 그러므로 외모를 무시한 아나운서라는 것은 영상 시대에서는 상상하기 어렵다.

그렇다면 방송은 아나운서에게 어떤 외모를 요구하고 있는가? 또 외모와 함께 어떤 이미지를 만들어야 하는 것일까? 지금부터 알아보도록 하자.

화면에 알맞은 얼굴형

흔히 사람들은 말한다, TV에서 가장 중요한 것은 얼굴이라고. 정말일까? 나는 여기에 대해 중용의 답을 제시하고 싶다. 어느 정도 상관관계가 있긴 하지만 '전부는 아니다'라고 말이다.

모두 다 아는 사실이지만 TV에 나오는 우리의 얼굴은 육안으로 보는 것보다 약간 더 동그랗게 나온다. 가로와 세로의 화면 비율이 달라서(화면은 대개 가로와 세로의 비율이 4대 3으로 되어 있다) 생기는 현상 정도로 이해하면 된다.

우리가 선남선녀라고 느끼는 사람들의 얼굴은 가로 길이를 1로 놓았을 때, 이마 끝에서 턱 끝까지의 세로 길이가 1.3

정도 되는 비율을 가진다. 대략 이 정도가 되어야 조화롭다는 느낌을 받는 것이다. 그런데 이러한 비례는 우리가 육안으로 볼 때의 기준이고, 화면에서는 가로 비율이 늘어나므로 1대 1.4 정도가 되어야 한다. 얼굴의 가로 비율이 이 비례의 범위를 넘어서면 화면에서 얼굴이 동그랗게 나오는 느낌을 받을 것이다.

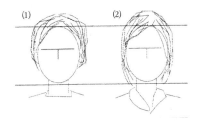

그렇다면 이 비례에 충족하지 못하는 얼굴형을 가진 사람은 모두 아나운서 시험을 아예 포기해야 하는가? 물론 그렇지 않다.

위의 그림을 보자. 두 사람은 똑같은 얼굴형을 가진 사람이다. 약간은 동그란 얼굴형이라고 말할 수 있다. 그런데 둘중 어떤 사람이 더 동그랗게 보이는가? 대부분의 사람들은 (1)번이라고 대답할 것이다.

그렇다면 똑같은 비례를 가지고 있는 두 사람이 이렇게 달라 보이는 이유는 무엇일까? 답은 얼굴의 세로 비율을 늘리는 데 있다.

(2)번의 경우 머리 윗부분을 약간 띄웠을 뿐 아니라, 목이 더 길어 보이도록 브이넥 형태의 옷을 입었다. 거기에 옆머리의 볼륨을 최대한 줄였고 요즘 커트의 길이보다 머리 길이도 훨씬 길다. 그 결과 (1)번의 얼굴과 확연하게 다른 느낌을 줄 수 있었던 것이다.

그런데 대부분의 경우 사람들은 얼굴이 작아 보이도록 하려고 오히려 그 반대 행동을 한다. 얼굴이 크니 머리를 짧게 자른다거나 앞머리를 내린다거나 하는 것이다. 이런 경우 오히려 화면에서는 자신의 얼굴이 더 동그랗게 나올 것이다.

이상적인 얼굴형이 아니라면 반드시 얼굴의 세로 비율을 늘리는 작전을 써라! 충분히 효과가 있을 것이다.

얼굴형과 T라인의 조합이 키포인트!

우리는 다른 사람과의 첫 대면에서 1초도 안 되는 순간에 그 사람의 외모를 판단한다. 잘생겼는지 아니면 못생겼는지……. 왜 그럴까? 인간의 마음은 미美에 대한 추구가 무척이나 강하기 때문이다. 경치 좋은 곳에 놀러 가고 싶어 하고,

잘 지어진 집을 좋아하고, 멋지게 디자인된 물건을 좋아하는 것처럼 말이다.

사람도 마찬가지다. 다시 말해 잘생긴 사람에 대한 호감은 인간의 순수한 마음과도 같다. 이 법칙을 벗어나는 사람은 거의 없다. 오랫동안 수도하신 스님들 말고는 말이다.

우리가 어떤 사람의 얼굴을 보고 이 사람이 선남선녀인지를 정확하게 판단하는 기준이 있다. 흔히들 이야기하는 'T라인'이다. 이 T라인은 눈 부분의 가로선과 코의 세로선을 합쳐서 만들어지는 얼굴의 라인이다.

그렇다면 이 T라인이 어떻게 생겨야 화면에 예쁘게 나올까?

다음의 그림을 보자.

양쪽 눈썹의 끝과 코끝을 연결하는 가상의 삼각형을 그려

보자. 잘생겨 보이고 못생겨 보이는 비밀은 바로 이 삼각형에 있다. 그림과 같이 얼굴의 T라인이 정삼각형을 형성할 수 있다면 당신은 매우 복 받은 사람이다. 이 삼각형의 모양이 정삼각형이 아닌 길거나 짧은 삼각형이라면 불행하게도 얼굴이 동그랗게 보이거나 길어 보이게 된다. 삼각형의 모양이 길쭉할수록 얼굴의 모습은 도시적이고 약한 이미지를 줄 것이고, 반대로 짧을수록 투박하고 강한 느낌을 줄 것이다.

아래의 그림을 살펴보자. 삼각형의 모양에 따라 얼굴의 느낌이 전혀 다르다는 것을 알 수 있을 것이다.

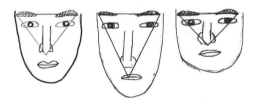

그렇다면 T라인이 정삼각형을 이루고 있지 않은 사람은 어떻게 해야 할까? 무조건 자신의 얼굴만을 탓해야 할까? 아니다. 분장을 통해 정삼각형을 어느 정도 만들 수 있다. 코의 길이가 짧다면 콧대가 있어 보이는 화장을 하면 될 것이고, 눈썹의 위치를 바꾸어서 분장을 해도 의외의 결과를 얻을 수 있다.

아래의 그림을 살펴보자.

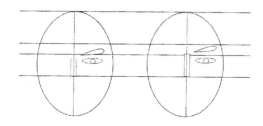

위 그림을 보면 분명히 같은 사람이지만, 눈썹과 코의 하이라이트 분장을 통해 얼굴의 모습이 다르게 보인다. 같은 얼굴형인데 오른쪽의 경우 콧대 화장을 길게 하고 눈썹의 위치를 위쪽으로 잡았다. 얼굴의 이미지는 확연하게 다르게 보일 것이다. 거기다 방송의 경우 일상적인 분장보다 약간 강하게 들어가기 때문에 화면의 이미지는 확연히 다르게 보일 수 있다.

자신의 얼굴의 T라인을 정확하게 파악하라! 여기에 삼각형을 그려보고 정삼각형에 맞추어 분장을 해보자. 분명 달라진 느낌을 받을 수 있을 것이다.

인상은 표정으로부터 출발한다

우리는 흔히 "나이 ○○이면 자기 얼굴에 책임을 져야 한다", "얼굴은 살아온 인생을 말해준다"는 등의 말을 한다. 이는 어떤 사람의 느낌이 대부분 얼굴에서 오는 경우가 많으며, 우리가 그 느낌을 이미지화해 마음으로 받아들이기 때문이다. 그런데 이 느낌을 만드는 중요한 요소가 바로 '표정'이다.

우리가 느끼기에 표정은 그 사람의 일생의 모습이다. 표정은 마음으로부터 나오고 또 마음의 상태를 표현해준다. 어두운 인생을 산 사람이 밝은 표정을 지었다고 생각해보자. 우리는 어딘가 석연치 않은 느낌으로 그 사람의 이미지를 받아들일 수밖에 없다. 반대로 밝은 인생을 살았다면 그 사람의 모습에서 어딘지 모르게 밝고 힘찬 기운을 느낄 것이다.

우리가 보통 밝은 느낌의 사람을 좋아하듯이 방송 역시 마찬가지다. 방송은 대중과 함께 호흡하며 살아가는 유기체이므로 언제나 많은 사람들에게 편안함과 좋은 느낌을 줄 수 있는 출연자가 각광받는다. 좋은 출연자들을 보라! 늘 밝고 편안한 표정으로 시청자를 대하고 있지 않은가!

따라서 자신이 얼마나 밝고 편안한 표정으로 카메라를 바라보는지 생각해야 한다. 보통의 지망생들은 카메라 앞에서만 밝게 웃으면 된다고 생각한다. 평소에 무뚝뚝한 표정으로 일관할지라도 카메라 앞에서 자신이 마치 카멜레온처럼 변신할 수 있다고 자신한다. 그러나 이것은 절대 오판이다!

사람은 급해지면 자신의 본성을 드러내게 되어 있다. 시험장의 카메라 앞에서 억지로 짓는 웃음과 표정은 당신이 가지고 있는 두려움과 조급함에 눌려 어색한 표정으로 나올 수밖에 없다. 이런 어색한 표정은 심사위원에게 좋은 느낌을 줄 수 없다.

그렇다면 좋은 표정을 어떻게 가질 것인가?

첫째, 자신의 표정을 만들어라. 우선 동영상을 이용해 자신의 가장 밝은 표정으로 1분여 정도 리포팅을 해보자. 그리고 그 표정이 정말 밝은 느낌을 주고 있는지 주변 사람들에게 물어보자. 분명히 여러 가지 의견이 나올 것이다. 그런 의견들을 받아들여라! 왜냐하면 방송은 대중이 원하는 것이 답이 되기 때문이다. 게다가 사람들의 눈은 자기 자신보다 타인을 더 잘 평가하기 마련이다.

여러 가지 의견 중에는 반드시 중복되는 것이 있을 것이다. 예를 들어 "좀 더 강하고 활짝 웃는 게 어때?"라는 말을 들었다고 치자. 그것도 한 사람이 아닌 여러 사람에게서 말이다. 그렇다면 그런 의견을 받아들여야 한다.

그런데 사람들의 그런 의견을 받아들이는 데에는 커다란 적이 있다. 바로 자신의 마음이다. 사람은 저마다 독특한 미적 취향을 추구한다. '나는 이쪽으로 사진을 찍으면 잘 나와', '나는 이런 표정이 어울려' 등의 생각이 그것이다. 다른 사람이 어떻게 보든지 상관없다. 오직 자신이 닮고 싶어 하는 사람의 표정만 갖고 싶어 한다. 때문에 자신의 얼굴형이 어떤지, 자신에게 어떤 표정이 어울리는지 생각하지 않고 자신이 닮고 싶어 하는 표정을 흉내 낸다.

바로 이 점을 고쳐야 한다. 자신이 자신을 보는 것보다 오히려 남이 자신을 들여다보는 것이 정확한 경우가 많다. 때문에 자신의 생각으로 가감하지 말고 여러 사람이 같은 지적을 했다면 이를 받아들여야 한다.

둘째, 스스로를 행복하게 만들고 행복하게 살아야 한다. 아나운서는 무척이나 힘든 직업 중 하나다. 자신이 힘들다고 시청자 앞에서 힘든 표정을 지을 수가 없다. 몸의 상태가 나빠도 얼굴에 힘든 내색을 할 수가 없다. 늘 화면 앞에서 밝은 표정으로 살아가야 하는 직업인 것이다. 따라서 방송을 하기 위해 표정을 만들기보다는 긍정적인 모습으로 살아가는 것이 훨씬 좋다. 이렇게 긍정적이고 낙관적인 삶을 사는 사람은 밝은 표정을 깊이 간직하고 있다. 늘 긍정적이고 낙천적인 사람은 조금 슬프다고, 조금 힘들다고 해서 금방금방 표정이 변하지 않는다.

내가 생각해봐도 아나운서 시험에 합격한 사람들은 대부분 긍정적이고 밝은 사람들이었다. 아나운서 준비 과정이 어렵고 힘든 것은 누구나 다 마찬가지다. 당연히 준비하면서 어렵고 힘든 과정을 겪기 마련이다. 머릿속에는 '과연 내가 할 수 있을까?'라는 생각이 가득 차 있다. 때문에 늘 불안하고 괴롭다. 하지만 이런 생각은 수험 생활에 고통을 가중시킬 뿐이며 화면 속의 모습을 불안하게 만들 뿐이다.

아나운서가 되어서 화면 속을 누비는 상상을 해보라! 얼마나 기쁘고 즐거운가? 그리고 꼭 할 수 있다고 생각하라. 긍정적인 태도가 만들어질 것이다. 그리고 그 긍정적인 태도가 밝은 표정을 만들어줄 것이다.

오디오와 비디오의 매칭

날카로운 외모에 날카로운 음성을 가진 사람이 있다고 가정해보자. 사람들은 아마도 "그럴 것 같아", "그렇게 생겼어", "그런 느낌이야"라는 말을 할 것이다. 바로 그 사람이 주는 전형적인 느낌을 받는 것이다. 이러한 느낌이 사람들에게 매력적으로 다가갈 수 있을까? 아주 잘생긴 경우가 아니라면 그런 느낌을 줄 수는 없을 것이다.

그렇다면 이런 경우는 어떨까? 날카롭게 생기기는 했으나 그 사람의 목소리가 부드럽고 편안한 음성일 경우 말이다. 아마 묘한 느낌을 받을 것이다. 그리고 그 사람에 대한 이미지가 시간이 지날수록 좋아질 것이다. 이것이 바로 오디오와 비디오의 매칭이다!

비디오와 약간 대조적인 성향의 오디오를 가진 사람에게서는 묘한 매력을 느낄 수 있다. 즉 선이 굵고 강하게 생겼는데 감미로운 음성을 가졌다거나, 외모는 부드럽지만 굵직하고 안정된 음성을 가진 사람을 상상해보라. 그 사람으로부터 색다르고 좋은 이미지를 느낄 수 있을 것이다.

그럼 어떻게 비디오와 오디오를 매칭시킬 것인가?

우선 자신의 외모와 음성을 다른 사람에게 평가받아보자. 먼저 자신의 외모가 다른 사람들에게 어떤 느낌을 주는지 알아보자. 사람들은 "강하다", "부드럽다", "선이 굵다"와 같은 여러 의견을 낼 것이다.

다음은 음성이다. 마찬가지로 다른 사람에게 녹음된 자신의 음성을 들려주고 평가받아야 한다. 그다음에 자신의 비디오와 오디오에 내려진 평가를 조합해보자! 자신이 강하게 생겼다는 평가를 받는다면, 약간 부드럽게 말하는 습관을 들이자. 반대로 자신의 외모가 너무 부드러워 약한 이미지를 준다면 굵고 강한 오디오를 만들어보자. 물론 시간이 걸릴 것이다. 그러나 이렇게 점차적으로 균형잡힌 이미지를 만들어간다면 분명 매력 있는 사람이 되리라 확신한다.

이상으로 좋은 이미지를 만들기 위한 몇 가지 방법을 알아보았다. 중요한 것은 자신의 이미지를 빨리 파악하는 것이다. 빨리 파악하면 할수록 자신이 좋은 이미지를 만들기 위해서 무엇을 해야 하는지 알 수 있을 테니까. 그래야 남들과는 다른 자신만의 독특하고 매력적인 이미지를 만들어낼 수 있을 것이다.

아나운서 멘토링

1판 1쇄 2008년 10월 1일
1판 7쇄 2019년 5월 29일
2판 1쇄 2019년 10월 30일

지은이 이선미
펴낸이 임지현
펴낸곳 (주)문학사상
주 소 경기도 파주시 회동길 363-8, 201호(10881)
등 록 1973년 3월 21일 제1-137호

전 화 031)946-8503
팩 스 031)955-9912
홈페이지 www.munsa.co.kr
이 메 일 munsa@munsa.co.kr

ISBN 978-89-7012-590-9 03320

이 도서의 국립중앙도서관 출판예정도서목록(CIP)은 서지정보유통지원
시스템 홈페이지(http://seoji.nl.go.kr)와 국가자료공동목록목록시스템
(http://www.nl.go.kr/kolisnet)에서 이용하실 수 있습니다. (CIP제어번호 :
CIP2019028265)